朝日新書
Asahi Shinsho 381

なぜ和食は世界一なのか

永山久夫

朝日新聞出版

はじめに――今や和食は世界的な食べ物

イギリスの放送局BBCが、二〇一〇年に世界各国の「好感度」を発表した。三三カ国で調べたアンケートをもとにしたもので、日本はナンバーワンにこそならなかったが、ドイツに次いで二番目に好感度の高い国になった。

日本は、ロボット技術などの先端科学も進んでいる。ジャパニメーションと呼ばれるように、アニメの技術は高く面白いし、ファッションだって「東京カワイイ」で、世界中の若い女性の熱い視線を集めている。そして、何よりも日本は平和を愛する国だ。昨年の三・一一東日本大震災で見せた日本人の冷静な行動は称賛を浴びた。

なかでも、シンプルで自然と共生してきた和食。そんな素晴らしい食文化が世界で好感度を高めている。和食はシンプルなのにおいしい。そして健康にもいい。第一、本家本元の日本人は世界でもトップクラスの長寿民族ではないか――。

料理の世界では、和食の調味料である昆布やカツオ節から生まれるUMAMI（うま味）が、新しい味として国際的に認められ、使われている。日本生まれなのでこう呼ばれるようになったし、醤油や味噌などに興味を示す欧米のシェフも増えている。和食の繊細な技を学びに来日する外国の料理人も多くなってきた。今や日本人のおだやかな暮らしに根付いた和食文化が、海外から注目されているのだ。

器用に箸を使いこなす外国人も増えている。和食に関心がある外国のレストランなどでは、わざわざ日本に出向いて魚や野菜、米、調味料などを調達するケースも増加していて、日本人が考える以上の和食人気になっている。

日本から「和食文化」を海外に発信する取り組みも盛んになってきた。

現在、日本政府は「和食　日本人の伝統的な食文化」を世界無形文化遺産に登録するため、パリのユネスコ本部に申請していて、二〇一三年には、日本人が誇る和食が文化遺産に認定される日が近づいている。日本の外務省もマガジンなどを通して、日本人の伝統的な食文化、つまり和食文化の素晴らしさのアピールに努めているという。

新鮮な季節の食材を用いた、「一汁三菜」を中心とする伝統的な食文化・和食。日本は四季に恵まれていて、野菜、山菜、海藻、魚もすべて自然の恵みであり、その自然の産物で構成されているのが和食なのだ。

箸を取る前に、「いただきます」と礼を言うように、和食の深奥には食を恵んでくれた自然に対する深い感謝の気持ちがある。自然を破壊することなく、次世代に生産力の高いままの自然を伝えていく。そのような、自然に寄り添った食べ方を縄文時代から続けてきたのが日本人であり、「和食」である。

和食の中でも一番人気なのが握り鮨。作り方や食べ方がクールに見えるらしい。しかし、鮨はクールなだけではない。伝統が息づいている。色彩が躍っていて、まさにポップカルチャー（庶民文化）の華やかさ。実はあの彩りこそ江戸文化の象徴なのである。浮世絵や歌舞伎を生んだ時代の熱気が、そっくり表現されて伝えられている。

握り鮨ばかりではない。野菜にしても、海藻にしても、和食は材料に最小限の手しか加えない。「持ち栄養」もそっくり残すということだ。つまり、和食は世界で一番、体にも心にもやさしい天然の美食なのである。

和食ブームを反映して、世界各国で和食ファンが増加している。日本貿易振興機構（ジェトロ）の調査によると、アメリカにある和食の店は現在一万四一二九軒で、一〇年前の倍以上になっているという。ヨーロッパではフランスに約一〇〇〇軒、イギリスには五〇〇軒以上もあるそうだ。香港にも多く、鮨屋や居酒屋などが約九〇〇軒もあるというのだから驚く。いずれにしろ、「おいしい、美しい、健康にいい」が和食ブランドのキーワードだ。そして、世界に広がっている和食人気のもとでもある。

和食が世界無形文化遺産になれば、日本の国際的な好感度がもっともっと高くなるのは間違いない。しかし、日本だけの問題ではない。和食が国際的に評価を高め、さらに脚光を浴びることによって、世界の人たちの食への関心が高くなり、食と健康との関係、環境問題などにも注意が向いていくことだろう。

和食に関心を持ってもらうことによって、日本人はもちろん、世界の人たちの健康ももっともっと向上するはずだ。和食には心をおおらかにして健康を向上させるパワーがある。

何を食べるのが、長寿時代、生涯現役時代、超情報化時代の理想食なのか。それは間違いなく和食である。和食が世界無形文化遺産になる日が楽しみである。

なぜ和食は世界一なのか　目次

第一章
和食は現代人を元気にする

卵かけご飯の悦楽

日本の朝食の定番として愛されてきた「卵かけご飯」。

今でもその人気は不動で、ホテルの朝食でも和食コースには小鉢に納まった生卵が置いてあり、卵かけご飯専用の醬油まで登場している時代だ。

炊きたての白いご飯があると、日本人なら無性に食べたくなるのが卵かけご飯で、昭和への郷愁を感じて何ともせつない。

貧しく乏しかった時代の象徴的な食べ物が卵かけご飯で、一個の生卵を家族で分け合って食べた思い出がよみがえる。

大きなどんぶりにひとつの生卵を入れ、何倍もの醬油でのばし、五人、六人もの兄弟のご飯の上に、少しずつたらして食べたあの頃。貧しかったが幼い者への思いやりがあり、皆、心底明るかった。

日本人は魚だったら刺身を好むが、生で食べるわけだから焼いたり、煮たりすることによって失う栄養成分のロスがまったくない。したがって栄養効率、資源効率が高い。

ご飯に生卵をかけて食べるのも、考えてみれば卵の刺身のようなところがある。卵は昔から「精のつく食べ物」として重宝されてきた。少し前は病気見舞いというと、もみ殻入りの箱に卵を詰めて持参したものである。

卵が完全食と言われるのは、たんぱく質のアミノ酸バランスが極めて優秀なためだが、ヒヨコという生命体を誕生させるのに必要な栄養素を、全部含んでいる点からも納得できる。ご飯と生卵、醤油だけで、とろりとした美味なご飯料理が即座に出来上がる。このシンプルで元気の出る食べ物が流行するのは江戸時代で、次のような川柳がある。

生たまご　醤油の雲にきみの月

器に割って入れた生卵の黄身は満月、そして、醤油はまるで雲のようだ、という句で江戸っ子の見事な感性を表している。次のような作品もある。

すまし平　落としたたまごは春の月

おすまし椀の中に落とした卵の黄身が、春の月のように美しい、という意味。今でも味噌汁に生卵を落として食べている。

和食にはこの川柳のように見ても楽しめる、絵になる料理が少なくない。和食は〝風景〟まで美味なのである。

中年を過ぎると、若い頃には弾力性に富みしなやかだった血管もこわばり、もろくなっていく。「ヒトは血管とともに老いる」と言われるように、血管の老化はさまざまな生活習慣病を引き起こす。動脈硬化もまた、血管の老化現象のひとつ。

ところが、卵の黄身に多いコリンには血管にこびりついた脂肪を排除し、血液をサラサラにして動脈硬化などを予防する働きのあることが分かっている。また、記憶力をよくしたり、学習能力を高める成分としても注目されていて、卵かけご飯はこってりとおいしいだけでなく、情報化時代のブレイン・フード（頭脳食）的な食べ物としても評価できる。

ツルツルとのど越しのいい卵かけご飯の悦楽は、和食の素晴らしさを教えてくれる。

鮨は天然のサプリメント

欧米では、握り鮨をしばしば「三秒の芸術」と称賛する。鮨職人が、まるでマジシャンのように指先を使って仕上げ、お客さんの前にさっと出す、その早業に感心するのだ。

まるで手品のようなその指使いには江戸っ子も驚き、次のような川柳がある。

妖術という身で握る鮨の飯

「左手の掌に、右手の二本指を握る形が忍術使いのようだ」という意味。確かに握り鮨は、小さな小さな芸術作品だから、外国人は「ハヤイ、オイシイ、ケンコウニイイ!」と目を丸くする。

世界でも一、二を争う長生きの国の握り鮨。日本にやって来る外国人が、もっとも食べたいのがこの握り鮨だ。彩りがビューティフルで、美味だからだ。ほろっと小握りにした酢飯の上に、ツーンと辛いワサビがあり、健康食の魚の生肉がのっている。

主食と主菜をコンパクトにまとめて、超小型化したのが握り鮨なのだ。世界中どこを探しても、これほど短時間に完成し、客の目の前に出てくる便利な料理はない。

日本人の卓越した物造りの原点を、握り鮨に見ることはできないだろうか。機能の超小型化、コンパクト化、便利化。食事の世界で、「主食」と「主菜」を指でつまめるほど小さくしてしまったテクノロジーである。

先ほど「便利な料理」と言ったが、一部の鮨ネタを除いては生の魚肉を用いるわけだから、実は料理らしい料理はしていないのだ。

鮨を食べる時には手でつまむ。酢飯にじかに醤油を付けたら、口に持っていく前に崩れてしまう。親指と中指でつまみ、人さし指をネタに添えてクルリと手首をまわせば、ネタに醤油を上手に付けることができる。

鮨ネタはほとんどが生ものだから、昔から衛生管理には注意を払ってきた。ご飯にふってある酢には、食欲を増す香りと風味があるが、殺菌や防腐効果もある。ワサビも同じで、生魚の風味を引き出す働きに加えて殺菌作用もあるのだ。口直しにつまむ薄切りショウガを甘酢漬けにしたガリにも、同じような効果がある。

食後に出される緑茶も同じだ。渋みの成分のカテキンはさまざまな有害菌に対する殺菌作用が高い。口の中に、たとえかすかな生臭さが残っていたとしても、ひとつまみのガリと一服の熱茶で清められるだろう。

これらの鮨屋独特の衛生管理システムは、握り鮨自体のうま味をいささかも損なうことなく、むしろ、味を引き立てている点に驚く。

それればかりではない。栄養的に見ても、鮨はサプリメントのような効能を秘めている。栄養的にも極めて優秀なのだ。

記憶力など脳の働きを向上させたり、酸化による脳細胞の死滅を減らす上で効果的な働きをするDHA（ドコサヘキサエン酸）が、たっぷり含まれている。同時に、マグロには血行をよくし血栓を防ぐ作用で注目の、EPA（エイコサペンタエン酸）も多い。

長生きして、人生の終着点ギリギリまで楽しみたいというのが人情ではないだろうか。先進国では高齢化が進んでいる。「握り鮨」は、健康で長生きしたいという世界の人々の願いにピッタリと合っている。

「高山深海」から来る食材

日本は山が多く、海が広い。山は高く、海は深い。

春夏秋冬があり、気候も温暖で、山も海も季節ごとの自然の生産物が豊富である。縄文時代は一万年も続いたのに、規模の大きな農耕文化が広がらなかったのも、自然の恩恵が豊かで、自然をこわしてまで畑を作る必要がなかったからだろう。

日本列島の七〇パーセント前後は山である。日本は島国なのに山の国なのだ。まわりは海で、海流にも恵まれ、魚も貝も海藻もたくさんとれる。島国のどこに住んでいようとも、数日も歩けば海にたどり着くことができる。海に出て塩を作ることができれば、魚を干物にしたり、塩漬けにして保存性を高め、家族のもとに運ぶことも簡単だ。

日本の海岸線の長さは世界第六位で、中国やアメリカより長い。この広い、そして深い海がなかったら、和食を象徴する魚文化は貧弱なものに終わっていただろう。世界中のグルメの舌をとりこにしてやまない「刺身文化」「握り鮨文化」も、海と山のコラボレーションが生んだ偉大な傑作なのだ。

日本は平坦な土地が極端に少ないから、アメリカのように広大な牧場は発達しなかった。その代わり、周辺海域の中に広大な平たい台地があった。大陸棚である。魚も貝も、海藻ものびのびとたんぱく質やビタミン、ミネラルなどを蓄えてくれた。

大陸棚は言ってみれば海洋牧場である。日本列島は海と山が接近した地形が多いから、陸の土壌中の成分や、堆積した有機物が川を下って海の中に流れ込みやすい。

日本は降雨量が多いから、大小無数の河川が発達した。山に降った雨や雪は川となり、流れ下って、これまた海水と同化する。山奥から流れ下る過程で、沿岸の肥沃な土壌成分をのみ込み、海まで運んでいく。

これらの豊かな土壌成分や有機物が大陸棚では餌となって、和食の食材として重要な魚介類を育てたのである。

縄文人は農耕生活に依存するより、基本的には自然の恵みにたよる生活を選択した。海や河川の豊かさ、山や森の豊穣さをよく知っていたからで、過剰な収奪や自然の破壊をおそれた。そして、循環してやまない自然の力を守り、一万年の縄文文化を作り上げた。日本各地に膨大な数の貝塚を残したが、出土した貝殻の種類は三五〇にものぼるという。

もちろん、マグロやカツオ、ブリ、タイ、サバ、イワシなど、魚の種類が多いのはいうまでもない。それらは、一部に沖取りの魚もあったが、「江戸前の魚」と言うように、集落の前面に広がる海で捕れるものがほとんどだった。つまり、「前海の魚」がたくさんとれたのである。

旬の脂ののった魚なら「刺身」が一番うまい。古代人は「なます（膾）」と呼んで、舌鼓をポンポンと打っていた。

醤酢《ひしおす》に蒜《ひる》つき合《か》てて鯛願う
　われにな見せそ水葱《なぎ》のあつもの

これは『万葉集』の作品で、「二杯酢にすりつぶしたニンニクを混ぜ、それをたれにしてタイの刺身を食べたいなあ、と願っている私に、ナギ（ミズアオイ）の熱汁のようなまずそうな物を見せないでくれ」というほどの意味。

平城京でタイの刺身が食べられたということは、魚は生食が美味という認識が定着していて、海から運び込むルートもできていたのだろう。

同じような味の楽しみは、野にも山にも溢れていた。毎年、桜の頃になればワラビやヨメナが芽を伸ばし、紅葉の季節になるとマツタケやシメジが発生した。日本の山は巨大な畑で、海は〝魚の牧場〟となって、和食の食材を提供してくれたのである。

薬よりも食、そして野菜

ふだんの健康を守る上で重要なのは、「薬よりも食」である。

薬は苦いけれど、食べ物は基本的にうまい。体の養いとなって、食べた人の生命力をより強くしてくれるから、健康長寿にも役に立つ。

ただし、体によい食べ物もあれば、健康によくない食べ物もたくさんある。体に悪い食べ物というのは、脂っこい食べ物だ。塩分の多い物、食品添加物がたくさん入っている食品もよくない。

畑の土の中でその季節の太陽を浴びながら育った野菜は、よい食べ物の代表である。野菜は米や大豆、魚と並んで和食の土台を形成する食材であり、古くから日本人の長寿食としての役目も果たしてきた。

野菜にはビタミンやミネラル、食物繊維など、私たちの健康に欠かせない栄養成分がたくさん含まれている。体の中の酸化を防ぐ抗酸化作用、ガン細胞の増殖に歯止めをかける抗腫瘍作用などもある。

植物はいったん芽生えたら、その場所から移動することはできない。害虫や太陽の紫外線などから身を守るためには、自分で有害物質を解毒したり除去したりするしかない。その活動の中心となるのが、抗酸化作用を持つファイトケミカル（植物性化学物質）で、人間の健康にもよい効果をもたらすことで注目されている。

植物が自分の身をガードするための成分は、人間にも同じような効果を発揮する。お茶のカテキンやネギの硫化アリル、タマネギのケルセチン、イチゴのアントシアニン、大豆のイソフラボンなどである。

野菜は文字通り野の「菜」のことである。「菜」は「おかず」という意味で、「な」とも読み、奈良時代の『万葉集』でも朝食のおかずのことを「朝菜」と呼んでいる。

ちなみに、「夕菜」という使い方もあり、こちらは夕食のおかずという意味。朝食と夕食のおかずは違っていたが、どちらも『万葉集』によれば、季節ごとの野菜や山菜、海藻などがよく用いられていた。

「菜」の本来の意味は食用野草や野菜のことであり、日本人の食事、つまり、和食は古くから野菜の比率が極めて高い食体系であることを示している。そのくらい、日本人は植物性の食材で作られた料理を大切にする民族である。

邪馬台国《やまたいこく》の女王卑弥呼《ひみこ》が描かれていることで有名な古代中国の『魏志倭人伝』に、「古代の日本人は長命」とあり、同じく邪馬台国の国情を記した『後漢書倭伝』にも、「倭人長命」とある。さらに同書には、「菜茹《さいじょ》」を食べていると出ていて、この料理が長寿と関係あるのではないかと推測できる。古代の野菜料理、漬物などは、やがて和食を構成する重要な土台になっていく。

野菜をたくさん入れた汁物は、その後も野菜料理として引きつがれ、とくに戦国時代の武士の食事には欠かせなかった。健康管理における野菜の重要さが知られていたのである。江戸時代初期の『料理物語』という書物にも、その作り方があり、大根、ゴボウ、タケノコ、豆腐、アワビなどの入った豪華版だ。

『万葉集』には摘み草の歌もたくさん出てくる。中には、あまり気持ちがいいので一夜寝てしまったという山部赤人《やまべのあかひと》の作品もある。

春の野にすみれ摘みにと来し吾ぞ
野をなつかしみ一夜宿《ね》にける

「春の野にすみれを摘みに来ましたが、この野原があまりにもなつかしかったので、一夜を過ごしてしまいましたよ」という意味。すみれの香る春の野が心地よかったのだろうか。

野草や山菜、野菜などは特有の香りを発散しているが、その香りの成分にピラジンがあり、血栓を防いだり、血液をサラサラにする作用で注目されている。山部赤人が春の野で感じた心地よさは、野草の発散する健康効果であり、それが心の安らぎをもたらしていたのである。

中でもピラジン効果の高いのはニンニクやシソ、シシトウなど、ふだんは薬味に使われている香味野菜が多い。和食は魚の生食が多いが、添える薬味は味だけでなく、香り、そして見た目も大切なのである。

最近では、野菜を食べる量と寿命は比例すると言われ、野菜をしっかりとることが「健康長寿」の常識になっている。

日本が誇る「一汁三菜」という食文化

「和食」の主役は米のご飯である。

ご飯が中心であり、ご飯をおいしく味わうための献立が「一汁三菜」。

一汁は味噌汁や吸い物で、三菜は「主菜」と「副菜」、そして「副々菜」である。一汁も三菜も、季節の食材を中心に用いるのが決まりで、食卓に並べられた料理を見ただけで季節が分かるように盛る。

これが「和食」の基本だが、和食の来た道は、実はヒトのたどった進化の道でもあった。

和食の奥深さを理解するためには、まず、人間の歯の構造を知らなければならない。生物はすべて長い進化の過程をへて、種の保存にもっとも都合のよい、生きのびるための形を形成してきた。肉食のライオンは、肉を引き裂く鋭い牙を獲得してきたし、ウサギは草を噛み切る前歯を発達させてきた。

人間の歯は全部生え揃えば三二本ある。臼歯《きゅうし》が一番多くて二〇本。次が前歯で八本、そして犬歯が四本だ。臼歯は固い穀物をすりつぶして食べるための歯で、歯全体の六〇パーセント。前歯は野菜や果物を食べる歯で二五パーセント。そして、肉などを食べる歯が犬歯で一五パーセント。

この歯の構造は、人間が長い時間をかけて身に付けた機能であり、人間は何をどのように食べれば元気になれるかを示す、「食べる法則」みたいなものである。

人間は一日のカロリーを穀物から六〇パーセントとり、野菜などの植物から二五パーセント、そして肉や魚などから一五パーセントとるのが、歯の構造から見るかぎり理想的と言っていい。

歴史的に見て、人間の歯の構造に近い食べ方をしてきたのが日本人で、和食をとってきた日本は今や長寿大国になった。食べ方の正しかった証明である。

現在、「和食」はユネスコに世界無形文化遺産として登録申請中である。和食がこのように、世界中で注目されているのは、シンプルで美味、そしてナガイキやヘルシーという事実もあるが、それに加えて、人類の理想的な食事法という認識が広がっている背景もある。

和食の素晴らしさは、「一汁三菜」の中にある。

「三菜」は三品のおかずが付くという意味で、「主菜」は魚系が中心だが、時には肉料理も付く。副菜は二つあり、まず野菜料理の「副菜」、続いて豆腐料理や納豆、煮豆など大豆系を中心とした「副々菜」だ。

和食はご飯が中心だから、ご飯をひと口食べたらおかず、そのあとにご飯、おかず、ご飯、味噌汁、ご飯とバランスよく食事が進む。

「日本人はご飯を食べて、魚、大豆、野菜、海藻をおかずにする。この食事が世界トップの長寿大国にしているのだ」。世界の日本食評である。

いま健康意識の高まりを見せている欧米人の間で、一日に必要なカロリーの半分以上を日本人のように穀物からとろうという食事法が人気を集めている。穀物食を増やすことで、脂質からとるカロリーを抑えられ、肥満や心臓病などの生活習慣病を予防できるという考え方で、まさに「和食志向」である。

和食では必ず手前に主役のご飯を置き、右隣に味噌汁を添える。その中間に漬物皿を置き、その向こうに主菜、副菜、副々菜を並べる。おかずはご飯を引き立てる味に仕上げられている。

「五味五色」の驚異

和食には、よく「五目《ごもく》」という言葉のついた料理が登場する。栄養的にバランスよく材料をとり合わせて作った料理のことである。

色彩を考えて材料選びをすれば五目は整う。「五目豆」と言ったら、「黄」の大豆を中心に「赤」の人参、「黒」のゴボウ、「緑」の昆布、「白」のコンニャクなどを、主役の大豆の大きさに合わせて切り揃え、甘辛く煮含めたもの。

ダシも用いるが、五色の材料それぞれの持ち前の味を出して煮詰め、独特の味に仕上げる。中心になっているのは大豆で、豊富なアミノ酸と糖質が全体の味わいを深めている。

昆布を使っているのも知恵で、ご存じのグルタミン酸が大豆のうま味を陰から支援している。ゴボウ、人参にもそれぞれ味があり、五色が五味を出し合って、それが「五目豆」トータルのうま味となり、毎日おかずにしても飽きのこないおだやかな味わいを出している。

栄養的に見ても多彩で元気が出る。

大豆のたんぱく質とイソフラボンを中心に、人参のカロチン、ゴボウとコンニャクの食物繊維、そして血液サラサラ効果と、ガンの予防作用で注目の昆布に多いフコイダンなどだ。このように見ると五色は五味であり、実は「五薬」でもある。

「五色膾《ごしきなます》」という料理もある。膾といっても、この場合は魚介類で作るのではなく野菜が中心だ。大根、人参、キュウリ、シイタケ、油揚げなど五色の材料を彩りよく組み合わせ、三杯酢（酢、醬油、砂糖またはみりんを合わせて作る）で和《あ》えたもの。シイタケと油揚げは下煮してから使用。酢じめにした魚を混ぜてもいい。

「五目ずし」もある。

ベースは酢飯だが、その上に散らされた材料が持つ特有の味も散らばっていて、いっそうおいしくなる。すし飯の上に、魚の刺身やエビ、味をつけたシイタケ、カンピョウ、レンコンなど数種類の具を混ぜ合わせてのせ、さらに、錦糸たまご、紅ショウガ、もみ海苔などを散らす。

ばらずしとか散らしずしと呼ぶ地方もあり、名物になっている場合が多い。土地によっては「吹寄《ふきよ》せずし」とも言い、すし飯の上に、もみ海苔をふりかけ、魚やエビ、タコ、それに野菜系のすし種を吹き寄せたように並べるので、この名がある。

「五目」は、日本人の主食である米の食べ方としても用いられてきた。「五目飯」と呼ぶ場合が多いが、土地によっては「かやく飯」とか「こっとう飯」になる。

祝いごとのあるハレの日でもなければ口にできない材料が使われ、しかも、ダシを利かせて美味に炊き上げてあるところから、「おかずいらず」のご馳走として喜ばれた。

材料はトリ肉の他に人参、ゴボウ、シイタケ、レンコン、切干し大根、凍り豆腐、油揚げなどが一般的だが、土地や季節によって変化するのは言うまでもない。大切なのは、材料の彩りの按配《あんばい》を考えるということ。これらの具を醤油とダシ汁で炊き上げたのが五目飯である。

昔は食による養生法として、よく「五色」を食べろと言った。食材がそれぞれ持っている効果を色で判断したのである。

定期的に五目飯を作って食べてきた和食の習慣は、ふだん不足しがちな栄養分を改めてとることのできる知恵と言ってもよい。「五目」はいろいろな具材という意味で、少なくとも五種類は入れなければならなかった。

「だし」という野菜納豆もある

和食の中には納豆のようにネバネバ食品や、とろろ汁のようなツルツル食品があるが、その中でも異色なのは「だし」だ。

「だし」は山形県に伝わる夏の野菜を用いた郷土料理で、野菜を用いたネバネバかつツルツル食品。だしといってもカツオ節や昆布などを使ったダシとは違って、サラダ感覚の野菜料理なのである。単独で食べる場合は少なく、ご飯にたっぷりかけて、彩りの涼しさと味わいを楽しむ。山形県には山岳修験で有名な羽黒山があり、精進料理と関係があるのかもしれない。

仏教の影響もあって、和食では長い間肉を使用することはなかった。したがって、野菜料理の場合、頭を使って上手に味付けをしないと美味な料理には仕上がらない。

生で食べるところに最大の特徴があり、それぞれの材料の持ち味を組み合わせて、巧みに「ダシ」効果を上げている。「だし」という呼び名も、ダシを用いた美味からきているのだろうか。

ビタミンCやカロチン、ポリフェノールなどを新鮮な状態でとれるのだから、夏を乗り切るための「医食同源」的な料理である。主として、初夏から初秋にかけての食べ物だが、最近では秋になるとキノコを混ぜて作る家庭も増えている。

材料は畑からとり立てのキュウリやナス、青ジソ、ミョウガ、大根などが中心だが、さらにはショウガやネギなども混ぜる。これらをすべて細切りにし、塩味にしてもいいし、醤油で味を付けて、カツオ節をまぶしてもよい。ヤマイモやオクラ、昆布などネバネバ系を入れる場合も多く、いっそううまくなる。

これをご飯にたっぷりかけて食べると、ツルツル・トロトロといくらでも食べられ、まるで「野菜納豆」の趣。実際に納豆を混ぜると、ネバネバがまろやかになり驚くほどうまくなる。キムチのみじん切りを入れたりもする。

実は「だし」に近い野菜料理は各地にある。そのひとつが「冷や汁」で、宮崎県の郷土料理としてよく知られている。煎ったイリコ（煮干しなど）と味噌、ゴマをすり鉢でよくすり、これを火であぶって焼き味噌にする。井戸水など冷水でのばし、キュウリ、シソ、ミョウガ、ナスなどのみじん切りを入れ、ご飯にたっぷりかけて食べる。

埼玉県の野菜の冷や汁は「すったて」。ゴマと味噌をすり合わせ、そのすりたてを食べるところから「すったて」と呼ぶ。もちろん、ダシ汁でのばした中にキュウリや青ジソ、ミョウガ、ナスなどを散らすが、冷やしうどんのつけ汁にしたり、かけたりして食べ、ご飯にかけてもよい。

蒸し暑い日本の夏を乗り切る、日本人の知恵だ。

腹に元気をつける不思議な豆

日本の六五歳以上の高齢者人口は増え続け、ついに総人口の約二四パーセント（平成二四年）を突破して、最高を更新した。今や日本は世界一の高齢者大国である。

あと三〇年もすると四〇パーセント前後になると予測され、六五歳以上の高齢者が日本の人口の半分近くを占めることになるのだ。高齢者がこの国を守り、高齢者が物を作り、高齢者がサービスする国になっていく。つまり、オールド・パワーがこの国を支える構図が実現する。
とは言っても、あまり心配することはない。若くはないが知恵があり、長生きによって蓄えた頭脳力と、多少は衰えているかもしれないが、筋肉も馬力もあるのが日本の老人世代だ。

日本の高齢者には知恵があり、日本を発展させてきた頭脳がある。私たち日本人は、物理的な加齢と、細胞レベルでの加齢は比例しないことを証明してきた。高齢者になっても細胞レベルではまだ若々しいのだ。

細胞を形成しているのは、食を通して吸収してきたたんぱく質、ビタミン、ミネラルなどの成分である。いくつになっても若いということは、若さを維持するために必要な成分の多いものを食べてきたということだ。

それが和食であり、和食の手柄である。米・魚・大豆・野菜など、すべてがアンチ・エイジング・フードだが、とりわけ卓越しているのが大豆の活用である。

家庭料理として、江戸時代から作られてきたのが「座禅豆」だ。黒豆を甘じょっぱく煮たもので、元々は僧侶が座禅の前に食べる習慣があった。黒豆には、女性ホルモンに似た作用のあるイソフラボンが含まれていて、尿意をおさえる効果があると言われている。

江戸の町は長屋住まいの職人が多く、職人がしょっちゅうトイレに駆け込んでいては仕事にならない。そのようなこともあっておかずの定番となり、煮豆屋が登場するほど庶民の人気惣菜となった。

じっくりと煮込んで作った座禅豆は日持ちもよく、忙しい時には便利なおかずで、江戸の花見に持参する花見弁当に欠かせない料理にもなった。座禅豆は江戸のご隠居にも人気があり、食がすすむと同時に、尿意をコントロールするおかずとして重宝されたのである。

黒豆の黒い色素はアンチ・エイジング成分のアントシアニンだから、体や表情の若さを保つ上で効果があったし、黒豆に多いレシチンは物忘れを防ぐのに役立っていたはずだ。そう考えれば、現代の老人天国を支える「ニュー座禅豆」が登場してもおかしくはない。

次の江戸の川柳が面白い。

から箸を三口ほど食う座禅豆

豆を箸でつまむのはむずかしい。空箸に気づかぬまま、三口も口に運んでしまったのである。次の作品も傑作だ。

喰えねえと老の悟った座禅豆

海の〝野菜〟には深い意味がある

寒流、暖流が入り混じって押し寄せる日本列島の海辺には、海藻がいたる所に繁茂し、和食を支える有力な食材となってきた。

日本人にとって、海藻はまさに「海の野菜」なのである。考えてみれば、ホモサピエンスは原始の海水中に発生した、ごく微小な生物から進化したわけで、海水には人間の生命を維持するあらゆる成分が含まれている。

人間の生命維持に欠かせない体の成分は、今でも海水の成分とそっくりなのだ。海藻を食べることは、実は生命のもとである海水中の成分をとることに他ならない。海藻は、ホモサピエンスの遠い故郷の生命の野菜なのである。

その海藻を、この地球上で日常的にもっとも食べてきたのが日本人。ワカメの味噌汁は朝食に欠かせないし、昆布のダシに昆布のつくだ煮、とろろ昆布という便利な加工食もある。ヒジキの煮物や海苔も当たり前のように食膳にのる。トコロテンの原料は天草《てんぐさ》と呼ばれる海藻だ。

これだけ食べていれば、健康を維持するのに計り知れないプラス効果を上げてきたことは、容易に想像できるだろう。

なぜ、日本人はこれほど海藻を食べるのか。野菜と同じように種類が多く、体によく、野菜よりも保存が利き、味もいいからだ。昆布はカツオ節と並んで和食の二大ダシ食品になっている。

日本人は稲作農耕民族で、米作り、野菜作りの作業が一年中続く。体が丈夫でないと継続できない。力仕事をするためには頑丈な骨格が要求された。

経験的に、海藻を食べると骨格が強くなることを見抜いていたに違いない。火山列島の日本の土地は火山灰土が多く、カルシウムが少ない。その農地でとれる作物は、土地によってはどうしてもカルシウムの含有量が少なくなってしまう。

しかし、日本民族は優秀だった。

日本近海はカルシウム含有食の宝庫であることに気づく。頭から丸ごと食用となるイワシなどの小魚類や、カルシウムの豊富な海藻がいくらでもとれた。

イワシやワカメやヒジキ、昆布などの海藻も、乾燥品として内陸部にどしどし送られ、日常食として定着する。そして稲作民族、日本人の足腰の骨を丈夫にしてきたのである。日本中に張りめぐらされた「塩の道」は、単に塩を運搬するだけでなく、海の〝カルシウム食〟も運んだのである。

今でもお正月のおせち料理に昆布が必ず登場する。一年でもっとも重要な祝儀の席に用いられる食材には意味がある。

その栄養効果も無視できないが、さらに重要なのが語呂合わせ。昆布を「よろこぶ」から「養老昆布」ととらえ、「老い」を「養う」という敬老の心を大切にする。先祖、そして親を、ありがとうございましたと、改めて敬う。それが「養老昆布」なのだ。

「薬味」の効用

和食は盛り付けも美しい。

ビューティフルなワショクと外国の方々が感心する。感動しながら口にすれば味わいも深まり、満足感も増える。当然、消化器の反応も良くなり、健康効果もさらに高くなる。

和食の最大の特徴は、素材の持ち味を生かすこと。自然の持ち味がよりおいしく味わえるよう、焼くにしろ、煮るにしろ、最小限の人手しか加えない。持ち味至上主義のベストな方法は魚だったら生食だから、日本人はどのような料理法よりも刺身を好むようになった。

料理の美しさを、さらに引き立てるのが「薬味」。

薬味は主体の料理の味、色、形を生かすための小さな味と色のアクセントだ。何しろ、「日本料理は目で食べる」と言われるほど、盛り付けや配色の美を重視する。外国人がよく称賛するように、「食べる芸術作品」と呼んでも過言ではない。

だからと言って、薬味は単なる料理の飾りではなく、文字通り「薬」と「味」、つまり薬効成分の気配りも大切である。薬味はほとんどが香辛植物で、ビタミン類の他にいずれも特有の香りや薬効を有し、刺激味の強いものもある。

元々は薬用植物の場合が多く、料理に少量添えることによって、健康にプラスするという意味が「薬味」には含まれている。

日本の場合、諸外国にはない独特の香辛料が薬味として発達したのは、仏教の伝来によって獣肉食がタブーとされる時代が長く続き、動物性たんぱく質源が魚となり、魚が料理の主菜になったために他ならない。

刺身にしても、赤身か白身か、それにタコ、イカ、あるいはアワビなどの貝類によっても薬味が違ってくるほど繊細である。その上、食中毒の予防にも配慮して薬味の種類を決めなければならない。

昔は山椒やユズ、ショウガ、三つ葉、シソ、ミョウガなどの香辛植物をどの家でも庭の一角で作っていたものである。それほど、魚や貝類を生食していた。私の家の庭には山椒、ユズをはじめ、三つ葉、シソ、ミョウガ、フキ、ノビルなどが植えてあり、魚介類の生食やそばを食する際に役に立っている。

主な薬味の機能をあげてみよう。

ネギ……万能の薬味で、味噌汁から鍋物、うどん、そばまでと幅広い人気がある。根深ネギ、葉ネギに大別されるが、つんと鼻にくる刺激臭は硫化アリルで、食欲を増進させたり、疲労回復や殺菌効果などの働きがあり、薬味に最適だ。

シソの葉……爽快な香りが身上の香味野菜で、「大葉」とも呼ばれているが、グリーンの色彩が鮮やかで、刺身のツマや冷や奴の薬味などでおなじみ。特有の香りはペリルアルデヒドで強い殺菌力があるため、よく刺身に用いられる。生臭さを抑え食中毒の予防にも役に立つ。アジなどのたたきに刻み込んで混ぜ、香りを存分に生かす。カロチンの宝庫で、他のビタミン類も多い。

ショウガ……辛味や香り成分のジンゲロンやショウガオールには、殺菌や消臭をはじめ、血行をよくしたり、消化促進、発汗などの作用がある。辛味は新ショウガよりもひね（古根）ショウガの方が強い。昔から民間療法として風邪の諸症状緩和や食中毒の予防などにも用いられてきた。

大根……細切り（しらが大根）にして、よく刺身の付け合わせに用いる。これを「つま」と言い、盛り付けを美しく引き立てると同時に、一緒に食べることによって消化をよくし、生臭さを消す役割をする。各種の消化酵素が豊富で、よく天然の消化剤と言われる。辛味の強い大根はおろしにしてそばの薬味に用いられる。根のビタミンCは皮の部分に多いので、すりおろす時には皮ごと利用する。

ワサビ……色、香り、辛味と三拍子揃った日本独自の薬味で日本原産。辛味のもとはシニグリンという成分で、すりおろしたり、傷つけたりすると細胞が壊されて、酵素が働き、強烈な辛さの成分であるアリルイソチオシアネートに変化する。「すると思うな、練ると思え」が、ワサビをより辛く、ねっとりとした仕上がりにするコツ。アリルイソチオシアネートには、強い殺菌と防腐作用があり、魚の刺身や鮨などにワサビを添えるのは魚毒を排除して、食中毒を防ぐ上からも大変理にかなっている。

ニンニク……私たちのご先祖は古くから、すりおろした生のニンニクを膾《なます》（生魚の薄切り）や刺身のつけ汁にしてきた。臭気のもとはアリシンで、これを料理に用いると香ばしいうま味に変化し、素晴らしい魅力となる。アリシンは強い殺菌作用も持つ。

トウガラシ……料理に激烈な辛味を演出する薬味。辛味の主成分はカプサイシンシンで、胃液の分泌をよくし、脂肪の代謝を高めて体脂肪の蓄積を抑える作用がある。つまり、上手に用いればダイエット効果を高めることが期待できるのだ。薬味として活用すると減塩してても料理がおいしくなる。

山椒……『魏志倭人伝』にも山椒が記録されていて、葉と実に特有の香りと辛味がある。ウナギの蒲焼きに、成熟した実を乾燥粉末にした粉山椒は欠かせない。強い香りと、サンショオールという、ピリピリとした舌を麻痺させるような辛味成分を持っている。山椒は三月頃から芽を吹き、この若芽を木の芽と呼んで天盛りや吸い口、木の芽田楽などの材料にする。

三つ葉……切り三つ葉、根三つ葉、糸三つ葉（青三つ葉）の三種類があり、香味野菜として和えもの、鍋もの、汁もの、茶わん蒸しなどに用いられる。葉、茎ともに組織がやわらかいので生食もでき、とくに葉は香りが高い。

ユズ……栽培カンキツ類の中ではもっとも耐寒性があり、東北地方でも栽培されている。

八月頃から初秋にかけて出荷されるのが青ユズで、一〇月を過ぎると黄ユズとなる。ユズの香りはリモネン、ピネン、テルピネンなどで、酸味はクエン酸とリンゴ酸が中心である。日本を代表する香りを持った果実で、日本料理の香りづけに頻繁に利用され、皮を刻んで使用するところも独特である。果汁をしぼって食酢とし、鍋物や酢のものなどに用いる。香りは皮にあるので、皮の厚いものがいい。皮のビタミンC含有量はレモンやスダチ、ミカンなどよりもはるかに多い。

第二章

和食には「八つのサプライズ」がある

粘性食の来た道——納豆・トロロイモ

和食はいろいろな意味においてユニークだ。外国人の目には奇異に映るものも少なくない。そのひとつが「粘性食＝粘々食《ねばねばしょく》」である。

日本人はネバネバとか、ヌラヌラ、ツルツルといった具合に、糸を引いてネバネバ感の強いものが好きなのだ。したがって和食の中には、粘性物質を放出する料理や食材がたくさんある。粘々食ひとつ見ても、和食の奥の深さが納得できるのだ。では、なぜ日本人は粘々食に美味感を抱くようになったのだろうか。

粘々食というと、何といってもそのチャンピオンは納豆である。スーパーの食品売場に山積みされているのを見ても、日本人にいかに必要不可欠な食材であるかが分かる。納豆党になると、朝からネバネバと糸を上手に引き出し、ご飯にたっぷりとかけて、ツルツルと堪能しながら満足している。

大豆を納豆菌で発酵させた粘糸食が納豆で、フジテレビの番組で筆者が立会いのもとに、一体全体、納豆の糸は何メートルくらいのびるものなのか実験したことがある。無風状態にした会場にクレーン車を持ち込み、直線状に上に引きのばした。すると驚いたことに、雨に濡れた蜘蛛の糸のようにキラキラとライトを反射しながら、一二メートル六〇センチものびたのである。

納豆の美しい糸はアミノ酸や糖質の混合体だが、血栓を溶解すると言われるナットウキナーゼも含まれていることが最近の研究で判明し、脚光を浴びている。

糸を引くこと自体が、味の個性になっている食材は納豆以外にもたくさんある。そもそも、糸を引く食材はどこから来たのだろう。調べてみると、山系、海系、そして里系にもあることが分かる。里系は田畑での栽培作物が原料であり、「納豆」がその代表だ。

山系の王様は何と言ってもトロロイモ。つまりヤマイモである。

トロロイモは、縄文時代より前の旧石器時代から食べられていたのは間違いない。自然《じねん》薯《じょ》とも呼ばれ、野山に自生する日本の粘々食の第一号であり、糸引き食では納豆の先輩格にあたる。

とにかく粘る。すりおろした時の強力なネバネバは、ムチンというたんぱく質と糖質が結合した植物性の粘性物質で、それにガラクタンやマンナンなども含まれている。これらの粘性物質は強力で、手に付着するとかゆくなったりする。

縄文時代の中頃に海を渡ってやって来たサトイモも粘る。粘りの成分はトロロイモとほとんど同じで、すでにトロロイモの味になじんでいた縄文人にとって、同系のサトイモを受け入れるのには何の抵抗もなかった。

その少しあとに、やがて主食となって定着する米が渡来してくる。実は米の実体も粘性度の高いデンプン質。だから、餅につくこともできるし、餅はのばすこともできる。

海系の代表は昆布で、加工するとトロロコンブになるようにネバネバ物質が多い。ヌメリの成分は水溶性食物繊維のアルギン酸とフコイダンで、脂肪類を排除するなど健康効果も高い。

トロロイモのとろろ汁は粘り気も味のコクもあり、ご飯の味と実によく合う。納豆もネバネバの網でご飯のつぶつぶをうまくからめ取り、なめらかなうま味を増す。ツルツルとかサッサッサと食べ終わっても、お腹の調子は快調だ。

日本人はず〜っと稲作農耕をなりわいとしてきた。年がら年中忙しいから、どうしても早食いの習慣が身に付いてしまう。そのような生活を支えてくれたのがトロロイモであり、納豆だったのである。

米のご飯の味と相性がいい上、どちらもデンプン分解酵素やたんぱく質分解酵素など、消化促進の酵素がたっぷり含まれていたのである。縄文人以来の粘々食の道は、これからも未来へのびていくだろう。

おかず包みは風呂敷文化——ぼた餅

風呂敷という便利な四角い布がある。物を包んで持ち運ぶための布で、包むという機能を追求した世界でもユニークな道具だ。

和食には、風呂敷のように包む食べ物があるのだ。四角い海苔でご飯を包んだ海苔おにぎり。袋状にした油揚げで包んだいなりずし。漬物の葉で包んだ葉っぱおにぎり。

そして、小豆餡《あん》などでくるんだのがぼた餅である。これらは言ってみれば「風呂敷飯」で、おかずとなる食材で包むことによって完成する「飯菜同体食《めしさいどうたいしょく》」だ。

このような食べ方は日本人の得意技で、握り鮨の場合はひと口大の飯の上に魚の菜をのせ、どんぶり飯の上に天ぷらをのせれば天丼で、うな丼や親子丼、鉄火丼もある。これらの食文化は手先の器用さと関係があり、ロボット開発力など日本の先端テクノロジーの原点になっている。

おかずを表面に出さず、おにぎりの中に埋めてしまう作り方もある。梅干しを埋めたり、漬物、あるいは、つくだ煮を中心部に入れたりする。

また、日本人にとって、赤は非常に神聖でおめでたい色であり、災害を追い払って「不老不死」をもたらす特別な色だった。そのハッピーカラーの小豆餡をおかずとして、球体のご飯のまわりに塗ったぼた餅は、聖なるライスボールだったのである。

円形はあらゆる生命を育てる太陽の形であり、小豆はその色である。そのぼた餅を食べて、健康寿命がのびるように祈った。ぼた餅には小豆餡ばかりではなく、きな粉やすりゴマをまぶしたものもある。ぼた餅は、「おはぎ」とも呼ぶが、彩りがいろいろあるからだろう。

小豆餡で包むと牡丹の花に見えるし、きな粉で包むと萩の花にも見える。ぼた餅は、春秋のお彼岸に作るのがならわしで、春は牡丹の季節だからぼた餅と呼び、秋は萩の盛りにあたるから、おはぎと言うという説もある。いずれにしても、ぼた餅のおかずは健康食材ばかりである。

私の家に来たアメリカの友人に、小豆餡のぼた餅に加えて、きな粉、それにゴマのぼた餅の三種をお茶と一緒に出したら、「ライス・ケーキ」と言ってニコニコしながら、おいしい、おいしいと全部平らげた。

ぼた餅はケーキではなく、日本人が特別な日とか、お祝いごとのあるハレの日に食べる主食である。アメリカ人の友人はアジアの各国でずいぶんライス料理を食べたが、ぼた餅のように丸くて甘い米料理は初めてだと言って、渋めの日本茶をおいしそうに飲み、日本人の長寿の秘密の一端が分かったと真顔になった。

きな粉の原料は大豆だから、たんぱく質が多いし脳の老化を防ぐレシチンや、若々しさを保つイソフラボンなどがたくさん含まれている。ゴマはカルシウムの宝庫で骨を丈夫にするし、物忘れを防いで頭の回転もよくするビタミンB_1、それに抗酸化作用のセサミンも多い。

そして、アメリカの友人は長寿との関連で小豆の成分を強調したのである。

日本人は小豆が好きで、和菓子にも餡としてよく使っている。小豆の赤は、抗酸化成分としてアメリカでも注目されているポリフェノールのアントシアニンだ。体の中で発生する酸化は、体や脳の細胞などのサビであり、さまざまな生活習慣病の原因となる。

「日本人は、ぼた餅や小豆の入ったご飯などを定期的に食べることによって、細胞の若さを維持する長寿食をとっていたんですね」

そう語ると、友人はもう一杯渋茶をいかにもうまそうに飲んだ。

叩いてうま味を出す――鯵のたたき

日本人は、同じ魚でもその味をレアで楽しむのが大好きだ。代表的な魚のレア料理が刺身で、今や「サシミ」は国際語となり、世界中にファンを増やしている。

ところが、もうひとつ「たたき」という魚の生食料理があった。サプライズな料理法で、ひと口で言うと魚肉を包丁でトントンと叩くだけである。極めて単純な料理法だが、潮の香りのする素朴さが魅力だ。「脂ののった魚を食べるのに、手のこんだ料理はいらない」と主張しているような力強さがある。

房総半島の沿岸部といった日本各地の漁村で古くから行われている磯料理で、元々は漁師の舟の上で作られた即席料理から来ているらしい。

一番使われるのがアジで、イワシやサンマなど他の魚でもいい。とれたての魚を三枚に下ろし、小骨を除いて包丁で叩くが、途中でショウガや大葉など好みの薬味を混ぜ、味噌で味をととのえて出来上がり。文字通り包丁で叩くように、細かく切り刻むのがうま味を引き出すコツだ。

時には、包丁を交互に使ってトントコ、トントコ切り込んでもよい。ただし、刻み過ぎない方が食感もあっておいしい。生の肉に薬味や味噌を加えて叩くことによって、青魚特有の生臭さも消えてうま味が濃くなる。

この「たたき」から、さらに発展したのが房総地方の名物になっている「なめろう」である。

材料も作り方も、ほとんど同じで、「たたき」は、叩き過ぎると風味が薄れるが、「なめろう」は粘りが出てくるまで叩くところに特徴がある。なめろうという呼び名は、舌ざわりがなめらかなところから来ているらしい。

うまくて、うまくて、盛った皿までなめたくなるところから来たという説もある。箸の先で取り、醬油をチョコっと付けて口に運ぶと、ねっとりとしていて濃厚な味だ。

なめろうをアワビの貝殻に詰めて焼くと、「さんが焼き」となる。「三香」と書く場合もあるらしい。アジの味、薬味の味、味噌の味の三香が混じり合って、焼き上がりが香ばしくなるのだという。さんがの場合、薬味にタマネギを加えると甘味が出ていっそう美味になる。

このようなシンプル料理は、生地の味を優先する和食の大きな特徴で、たたきなどは刺身の変形した味わい方だ。いずれにしても生食だから、たんぱく質や脂質などのピュアな味わいを堪能できる。さらには、味噌味にすることによって味噌に含まれているアミノ酸や酵素もとれるから健康にもいい。

「黒い紙《ブラック・ペーパー》」を食べる日本人——海苔

日本に来る外国人が、不思議がる食材のひとつが「海苔」。黒い紙に見えるという。日本人は紙を食うのかと目を丸くする外国人もいる。

紙に見えたとしても不思議はない。四角い海苔を創作したのは日本人であり、江戸時代に浅草で、紙すき用の木枠を応用して作られるようになったからだ。今でも『浅草海苔』という呼び名に地名が残されている。ちなみに、江戸時代の東京湾は日本有数の海苔の産地でもあった。

浅草海苔はウシケノリ科に属する海苔で、元々は天日干しにしただけで、火にあぶり、ご飯や酒の肴にしていたものを四角に食べやすくし、保存性と流通性を高めた。

海苔ほど機能性の優れた食材も少ない。マルチなのである。

広げてご飯をのせ、芯にかんぴょうや卵焼きなどのおかずを置いてクルクルと巻くと、鮨でおなじみの海苔巻き。ご飯を包んで丸めると定番おにぎりだし、お茶漬けの場合はご飯の上に散らす。蕎麦の上にもうどんの上にも散らす。パリッと焼いた海苔を酒の肴にして、目を細めている愛好家も少なくない。

「色は黒うても、浅草海苔は白いおままの肌包む」という俗謡もあった。昭和の時代には「のり弁」という庶民の弁当もあって人気だった。

弁当箱にご飯を半分ほど詰め、カツオ節をふりかけ、醬油で軽く味を付けて海苔をのせ、その上にまたご飯を詰めて味を付け、海苔をかぶせて出来上がり。おかずは二枚の海苔とカツオ節だけ。しかし、これがバカウマで人気があった。

昼食までの間に、海苔とカツオ節に含まれているアミノ酸のうま味が、ご飯のほのかな甘さの中に広がり絶妙の味となる。最近、町の弁当屋さんで、この「のり弁」人気が復活しているそうだが、素朴なうまさが魅力なのだろう。

ホテルの朝の和食膳には必ず海苔がのっているし、バイキング方式でもご飯のそばにたいてい海苔が置いてある。日本人の朝食の定番なのだ。ご飯と海苔の組み合わせは、和食テクノロジーの傑作と言っていいだろう。

海苔がご飯のうまさを引き立てるだけではない。海苔には、ご飯の主成分である糖質（炭水化物）をエネルギー源にするのに欠かせないビタミンB_1が、黒ゴマや大豆よりも多く含まれているのだ。

脳のエネルギー源はブドウ糖だけで、一時間に五グラム、二四時間には一二〇グラムが必要となる。会社や学校で頭を使って成績を上げるためには、ブドウ糖が不可欠。また、情報化社会を楽しむためにも頭脳力は欠かせない。したがって、一日のスタートに食べる朝食のご飯と海苔はベストパートナーなのである。

江戸っ子も朝食に海苔を食べていた。江戸の町は超過密社会であり、人間力を丸くしてお互いさまで楽しくつき合うためには、海苔のような海藻が必要だったのかもしれない。イライラやストレス解消に役立つカルシウムが、たっぷり含まれているのだから。

海苔の四〇パーセント前後はたんぱく質で、この数値はマグロよりも、牛、豚の肉よりも多い。海苔おにぎりは、実は栄養的にも大変バランスがとれている。ビタミンCも、一〇〇グラム中に二〇〇ミリグラム前後含まれる。

煙までうまい料理——うなぎの蒲焼き

食材に対する日本人の観察力と直感力、そして知恵の力がうなぎ料理の絶品である「蒲焼き」を生んだ。

ヌラヌラしていて長く、しかも、生臭いうなぎ。あまり食欲のわかない体形である。むしろ、形が似ていて小型のドジョウの方が食べやすい。素人でも簡単に料理できるのがドジョウだ。味噌汁にすればそれで完成である。ところがうなぎは大変だ。さばき方がむずかしい。素人には手に負えない。そこで、次のような川柳が生まれた。

釣って来たうなぎ是非なく汁で煮る

こうなっては、せっかくのうなぎの持ち味も生かされない。台無しである。

うなぎの滋味強壮効果は古くから知られていて、日本人は何とか食べて体力を強化しようとした。『万葉集』に、大伴家持《おおとものやかもち》の作品がある。

石麻呂にわれ物申す夏やせに
よしという物ぞ鰻とりめせ

友人の石麻呂《いわまろ》は、夏バテするような虚弱体質だったらしい。そこで、うなぎは力がつくから食べたらどうかとすすめている。「土用の丑の日」には、うなぎを食する習慣があるが、そのルーツみたいなエピソード。

古代から、夏バテ防止のスタミナ食として珍重されてきたのである。江戸時代に蒲焼きが開発されるまでは、ず～っと筒状の丸ごと焼きだから、味から言っても薬喰い中心にならざるをえなかった。味はあまりよくないけれども、体力がつくから〝薬〟と思って口に入れるという食べ方が多かったのである。

ところが江戸時代になると、円筒状の焼き方から、割いて板状にしてから火を通す方法が開発される。これは画期的なイノベーションだった。

江戸時代になって醬油やみりんが出回り、魚の付け焼きが普及したのも、うなぎの美味なる食べ方を誕生させるきっかけとなった。たれの付け焼きである。

関西では蒸しを入れないでそのまま焼き、皮のほどよい噛みごたえのうまさと独特の香りを残した。つまり地焼きである。江戸では、焼いてさらに蒸しの技術を加えることによって野性味をマイルドにし、ほろりとやわらかく作る。

どちらも仕上げは「付け焼き」。その店の歴史の溶け込んだ独特のたれを付け、直火焼きすることによってうなぎの美味をさらに引き出す。

炭火にあぶることによって、きれいな褐色の焼き色を付ける。その色素はたれが加熱される時に生成されるメラノイジンという物質で、うま味のひとつ。火加減による、香ばしくて美しい焼き色に仕上げるのが職人の腕前で、「串打ち三年、焼き一生」と言われるほどむずかしい。

真剣勝負で焼く時、煙がもうもうと立ち昇り、四方八方、縦横無尽に流れていく。そして、夕暮れ時などは人をまどわす。煙の中には、うなぎと醤油、みりんなどから出たアミノ酸や脂肪のうま味成分が超微粒子となって混じり、浮遊し、風にのって流れ、人間の鼻孔ばかりか、犬猫やカラスの嗅覚まで悩ますのである。

「蒲焼き」は「香《か》速《はや》き」から来たという語源説がここにある。そこで川柳。

うなぎ屋の隣茶漬けを鼻で喰い

次のような川柳も詠まれている。

蒲焼きの隣りは尾石惣左衛門《おいしそうざえもん》

うなぎ屋の香りを、ただでおかずにしていた隣の独身男のところに、年末になってうなぎ屋から〝香り代〟の請求書が来た、という小話があるほどだ。

うなぎの蒲焼きは、今でも煙までうまいのである。

汁の混沌味が至高のうま味――おでん

おでんは和食のエッセンスである。

和食系の食材、和食系のダシ、和食系の調味料が混じり合い、溶け合い、染め合いながら、おでん特有のなつかしいうまさに仕上がっている。

四角だったり、丸だったり、瓢簞型《ひょうたんがた》だったりする大きな鍋の中でコトコトと煮込まれ、汁が少なくなれば注ぎ足しされるけれど、店特有の味はぶれることがなく、きちっと守られている。中には何十年も使いこんできた汁もあったりして、濃厚でうまい。

最近ではコンビニでも定番の惣菜になっていて、味も材料もしっかりしている。お客も舌が肥えているから、いいかげんな味ではリピーターになってくれないのだ。

おでんのルーツは室町時代の豆腐田楽。串に刺した豆腐に甘味噌を塗って焼いたものであったが、江戸時代の後期になって、おでんの材料を汁の中で煮込んだものが江戸の町に登場する。当初は、豆腐田楽のように串に刺して煮込んでいたが、やがて串を外して汁で煮込み、客の注文に応じて取り分けて出すようになった。人気のあった材料はコンニャク、豆腐、サトイモ、大根、昆布、つみれなど。

初めは煮込み田楽などと呼ばれていたが、省略されて「おでん」となった。田楽の女房言葉で、コンニャクやサトイモなどの煮込み料理は、元々女性の好物であったことが分かる。しかし、女性がうまそうに食べているものは男だって食べたい。醬油味にカツオ節を利かせた汁で煮込んだ材料が、まずいはずがない。流行するのに時間はかからなかった。

そして、現在のおでんである。

昔は冬のものだったが、最近は通年の料理になっている。山菜や海藻などを含めた野菜系が増えている点が、健康を意識する時代に合っているのだろう。しかも、カツオ節や煮干し、焼き干し、昆布、干しキノコといった具合にダシも本格的に。

昔、スーパーもコンビニもない時代のお菓子に「煮菓子」があった。根菜やイモ類、昆布などを用いた煮しめ料理で、お正月のおせち料理に近い。

これを「煮菓子」と呼び、ふだんのお茶請けやおやつ風な食べ方をしていた。煮たお菓子というほどの意味で、おでんこそ現代の「煮菓子」と見ることもできる。「煮菓子」も女性好みの料理であり、田楽を「おでん」と呼んで、煮込みおでんを生むきっかけとなった女性のアイデアに通じている。

材料を大別すると、海藻、キノコ、山菜も含めた野菜系、大豆系、コンニャク系、魚系、肉系と、材料は味とともにドンドン進化している。

野菜系……大根、サトイモ、ジャガイモ、サツマイモ、人参、ゴボウ、キャベツ、レンコン、タケノコ、フキ、シメジ、ぜんまい、昆布、ワカメなど。

大豆系……豆腐、厚揚げ、湯葉、がんもどき、油揚げなど。

コンニャク系……板コンニャク、糸コンニャク、シラタキなど。

魚系……つみれ、はんぺん、かまぼこ、竹輪、さつま揚げ、じゃこ天、マグロ（ねぎま）、タコ、イカ、貝類など。

肉系……豚モツ、牛スジ、ソーセージ、肉だんご、卵など。


これらが一度に全部用いられることはないにしても、かなりの材料が使われているはずで、それらの材料がダシ汁の中で煮込まれながら、それぞれの栄養を出し合って「おでん」として完成していく。

この他に炭水化物系では餅入りきんちゃくがあり、小麦粉と水、塩で練り型に作って蒸した竹輪麩《ちくわぶ》がある。ダシ汁を吸ってやわらかくなった状態が美味。いずれも飯代わりになり、他のおでんを取り合わせてととのえれば、容易に一汁三菜的な按配になるところがおでんの凄い点だ。

手まで美しくする乳酸菌——ぬか漬け

日本人は、ほどよく乳酸発酵している漬物が大好きだ。ご飯に含まれているほっこりした甘さが、漬物のほどよい酸味に不思議なぐらいよく合う。だから和食には漬物が欠かせない。

昭和三〇年代までは、どこの家庭の台所にもぬか漬けのかめが置いてあり、母親が朝夕手入れしたものである。話題となった映画『ＡＬＷＡＹＳ 三丁目の夕日』の時代だ。

土地によっては、うるし塗りのぬか漬け用の樽が大切な嫁入り道具になっていた頃である。その樽には、先祖代々用いられてきたぬか床が詰められ、乳酸菌が生きていて、すぐにでも嫁ぎ先の野菜が漬けられるようになっていた。

ぬか漬けはやがてその家になじみ、夫や生まれてくる子どもたちの健康を守る「守護神」のような重要な存在になっていく。ぬか床には乳酸菌や酵母などの生菌が湧き立っていて、ぬか床の菌が腸内にたどり着くと、善玉菌グループを増やしてビタミン類を合成したり、免疫力を強化してくれている。

ちなみに、ぬか床作りの基本を簡単に言うと、米ぬかと塩と水をよく練り発酵させる。赤トウガラシを一本か二本入れてぬか床の変質を防ぐ。発酵を始めたら、昆布やカツオ節、干しエビなどを加えるとうま味や風味がいっそうよくなる。

キュウリやカブなど材料を漬け始めたら、一日に一回は底から大きくかき回して新鮮な空気を入れ、風味を維持する。昔は、ぬか漬けを「やど」とか「やど漬け」とも呼んだ。野菜が一晩泊まる〝宿屋〟という意味である。

一晩だけでおいしく漬け上がるということで、材料の野菜は宿に泊まることによって美味になるのだ。つまり、タクアン漬けのように〝長期滞在〟ではないという意味で、浅漬けを「四季漬け」とも呼んだ。一年中漬けることができ、同時に、健康にいいから春夏秋冬食べなさい、という含みもある。

ぬか漬けの味わいは、主として乳酸菌や酵母による発酵によって生じる。これらの生菌は、健康や老化防止に大変役に立つが、ぬか床を心を込めてやさしく混ぜることによって、その効果はさらに高まる。作り手と乳酸菌の心が呼応し合うのだろうか。

ぬか床を上手に攪拌《かくはん》するのは、ぬか床に空気を送り込んで好気性の酵母を元気にし、嫌気性（酸素をあまり必要としない）の乳酸菌とのバランスをとるためだ。美味なぬか漬けは、酵母と乳酸菌が、バランスよく生菌活動を維持できる環境があってはじめて可能となる。昔のおふくろの手はいくつになっても美しかった。毎日のぬか漬け手入れの結果で、乳酸菌や酵素などの美肌作用が自然に働いていたのである。

食のもったいない——茶がゆ

和食にはリサイクル・フードが少なくない。「食のもったいない」である。一度めは、本来の役目を立派に果たした食物の再利用である。初回とは違った、素晴らしい食に再生させる発想には感心させられるが、それらはたいがい健康にもよい。

茶殻を使った茶がゆ、豆腐のしぼりかすを用いたおから料理、ダシを取ったあとのカツオ節や昆布のつくだ煮、アジやうなぎの骨を油で揚げた骨せんべいなど、それぞれ独特のうま味と食感を出して好まれている。

元々、茶殻は非常時の食材として貴重品という認識があった。「非常時」というのは、例えば戦争の時などだ。一九四四年（昭和一九年）の『決戦食生活工夫集』の中に、「茶殻のつくだ煮」の作り方が次のように紹介されている。

「醤油に少量の砂糖とかつお節を加えたもので、普通のつくだ煮を作るのと同じに煮てよろしい。お弁当のお菜にしても結構」

茶殻は江戸時代から「茶がゆ」作りに用いられていた。朝の茶がゆが大阪や京都、奈良を中心とする上方エリアで始まったのは、食生活の習慣が背景にある。

江戸時代、江戸では朝にご飯を炊くのが習わしだったが、関西では昼に炊いた。したがって、夕と朝は冷や飯を食べざるをえない。夏ならともかく、底冷えする冬の冷や飯は食べにくいし、健康にもよくない。

そこで熱々の茶がゆを作った。その作り方は幕末の『守貞漫稿《もりさだまんこう》』に、「前日飲みあました茶葉に塩を加え、冷や飯をかゆにして食べるが、これを茶がゆという」とある。

つまり、茶殻を煮出し、その汁に塩味をつけて茶がゆを作ったということ。元々、禅寺などでは、使用ずみの茶殻を用いて茶がゆを作る習慣があり、質素な生活を教えた仏教の影響を受けたのではないだろうか。ご飯だけのおかゆよりも、茶葉を用いた方が味がよく、体もあたたまって元気が出たそうである。

茶がゆには、カフェインやカテキン（渋み成分）、アミノ酸、カロチン、ビタミンCなどが多く、茶殻とはいえたくさん残っているから、体があたたまるだけではなく体力もついた。何よりも老化防止に効果的で、今でも奈良地方では茶がゆが名物である。

関西でこの茶がゆの付け合わせとして生まれたのが、昆布とシイタケのつくだ煮。「ダシ」として、一回立派に働いたもの同士を使った傑作で、山と海のダシの王様の組み合わせであり、まずいはずがない。

シイタケのうま味成分は主としてグアニル酸であり、昆布はグルタミン酸が中心。本来の役目を果たしたあとのものとは言っても、うま味成分がしっかりと残っている。

江戸時代以来、昆布の集散地だった大阪で生まれた保存性の高いおばんざい（お惣菜のこと）で、もったいない意識の強いおふくろさんたちの知恵が生んだ傑作である。小角切りにした昆布とシイタケを水に浸してから甘辛く煮詰めたつくだ煮で、栄養的にも素晴らしい。

昆布で注目されるのが、表皮付近に含まれているフコイダンというぬめりの成分。私たちの健康を紫外線から守る抗酸化作用や免疫力の強化、血行をよくするなどの働きがある。シイタケは免疫力の強化やガン予防で注目されている。レンチナンという成分が、風邪などの感染症にかかりにくくする効果でも注目を集めている。茶がゆに添えられることの多いヘルシーなおばんざいである。

第三章

情報化時代にも対応している和食

マグロは脳の機能を高める成分の宝庫

脂のよくのった魚は味がいい。

その象徴がマグロで、クロマグロの脂身の場合、なんと二七・五パーセントが脂で、たんぱく質の二〇・一パーセントよりはるかに多い。

日本人はこのトロが大好物だ。

回転寿司の人気ナンバーワンもトロである。刺身にしろ、鮨にしろ、醤油を付けて舌にのせると、とろりとした味わいの中にかすかな甘味が感じられる。この甘味こそトロという素材特有の持ち味で、いったんその味を経験してしまうと、またトロを食べたくなる魔性のような魅力にとりつかれてしまう。

マグロは単にうまいだけではない。記憶力や集中力、学習能力などを高める上で役に立つことが分かり、情報化時代のブレイン・フード（頭脳食）としても脚光を浴びている。

つまり、脳の機能を高める成分の宝庫なのだ。

まず、脳の機能との関連で注目したいのがＤＨＡ（ドコサヘキサエン酸）で、体内で合成することのできない必須脂肪酸だ。したがって、脳の働きをよりハイレベルなものにするためには、食べ物を通してとらなければならない。

ＤＨＡは脳の神経細胞に非常に多く含まれていて、スムーズな情報伝達を担っている。不足すると脳の中で情報の伝達がうまくいかなくなり、学習能力や記憶能力、判断能力などが低下してしまう。脳の中でも、とくにＤＨＡが多いのが記憶をつかさどる海馬という部分。他の部分が平均して一〇パーセント前後なのに対して、海馬には二〇パーセント以上も含まれている。

物忘れなどの脳の老化を防ぐためには、マグロのように脂身の多い魚をコンスタントに食べた方がいい、ということになる。

歳をとるにつれて、脳の中のＤＨＡが減っていくことが判明していて、魚食でこの成分を補給すれば、加齢による脳の機能低下だけではなく、ボケの予防にも役立つ可能性が期待できる。

しかもＤＨＡには、酷使やストレスなどで壊れかけている脳細胞を修復する働きもある。最近、増えているアルツハイマー型の認知症の場合、脳内のＤＨＡが激減していることも分かってきた。マグロをはじめカツオやイワシ、サンマなどの青魚には、血液のサラサラ効果で注目のＥＰＡ（エイコサペンタエン酸）がたっぷり含まれている。

ＤＨＡと同じように必須脂肪酸で、マグロのトロに豊富。もちろん、他の青魚の脂質にも多い。血液が凝固するのを抑える働きがあり、血液中の中性脂肪を減らして血液をサラサラにしてくれる。悪玉コレステロールを減らして、善玉コレステロールを増やす作用もあり、高血圧や、動脈硬化など生活習慣病の予防や改善にも効果がある。

トロなどの脂肪酸は脳の血流をグングンよくする。血流がよくなれば脳の神経の働きが活発になるから、記憶力もアップし、ビジネスの知的能率も向上するだろう。

マグロのトロは美味極まりないが、ブレイン・フード的な成分の宝庫であることも、情報化時代を生き抜くための心強い味方である。さらに、トロには細胞の若さを保って老化を防ぐビタミンＥや、粘膜の抵抗力を強化して生殖能力を高めるビタミンＡも豊富に含まれている。

物忘れ予防成分も多い「きな粉おにぎり」

昔、田植え時のご馳走は「きな粉おにぎり」だった。

大皿に山盛りにされたきな粉おにぎりを囲んで車座になり、泥の付いた右手でおにぎりを取って、左手には黄色いタクアン一切れを持ちながら、男も女も大声で笑いながら、平気で何個も平らげた。

黄色で丸いおにぎりは、稲の生育に欠かせない太陽を象徴している。きな粉のおにぎりを田の神さまと一緒に食べることによって、秋の豊年満作を約束してもらったのである。きな粉には、疲労回復に役立つたんぱく質やビタミンB類が多いから、暗くなるまで腰を丸くして働き続けても疲れは少なかった。

昭和三〇年代まで続いていた農村風景で、あの頃、日本人は若かった。日本中に元気があふれていた。

あれから五〇年。日本の高齢者人口が加速度的に増えている。世界的にも日本ほどではないにしても、増え続ける高齢者問題で頭をかかえる国が多くなっている。

その一方で、高度情報化社会もスピードを上げながら進行中だ。脳細胞の機能から考えると、前者は、脳の若さをどうしたら維持できるか、という老化防止問題であり、後者は、ツールの進歩に対する適応能力を高める学習と、食生活の選択がテーマになってくる。

そこで、和食の構造が素晴らしい魅力となって光芒《こうぼう》を放ってくる。「大豆」と「魚」の比率の高さである。どちらにも、情報化時代に対応する脳によい成分が豊富に含まれているのだ。頭の機能を向上させ、脳の老化を遅らせる成分である。

大豆にしぼって見てみよう。

まず、大豆にはリン脂質の一種であるレシチンが多い。大豆一〇〇グラム中に一四八〇ミリグラム含まれている成分で、記憶力や学習能力と関係が深く、脳の神経伝達物質の合成には欠かせない。

レシチンは体内で分解されてコリンとなり、神経伝達物質アセチルコリンの材料となる。コリンが増えると、神経細胞同士の情報のやりとりがスムーズとなり、記憶力の減退や認知症の予防などに役に立つのではないかと考えられている。

衰えた脳の機能低下を防ぐ特効薬とはいかないまでも、加齢による物忘れ程度なら効果は期待できるかもしれない。

情報化時代の便利で高性能な電子機器を使いこなすためには、脳細胞の柔軟で若々しい働きが重要になる。脳は使えば使うほど活性酸素が発生して、脳細胞や血管に酸化というダメージを与えかねないが、大豆に含まれるレシチンは乳化作用もあり、血液中のコレステロールなどを排除して、血行をよくする働きもある。

さらには、大豆に含まれているイソフラボンには、活性酸素の活動を封じこめる抗酸化作用もある。きな粉のたんぱく質はとても多く、四〇パーセント近い。ビタミンB_1も同様で、一〇〇グラムの中に〇・七六ミリグラムも含まれている。この含有量は現代人にとって重要である。

昔、太陽に見立てて田植えの時に食べていた「きな粉おにぎり」は、肉体を動力源にして収益を上げていた時代のエネルギー源であったが、頭を使う時代のブレイン・フードとしても優秀だ。

脳のエネルギー源となるのはブドウ糖だけである。ブドウ糖は米などの主成分である炭水化物で作られ、そのブドウ糖を完全燃焼させるために不可欠なのがビタミンB_1である。したがって、その両者の合体食である「きな粉おにぎり」は脳の機能向上に役立ち、老化を防ぐ上で効果的で便利な食べ物と言っていい。体を若々しく保つ回春作用があるビタミンEも多い。ご飯にじかにきな粉をかけて食べても、その効果は変わらない。

一度に何種類もの頭脳食を食べる料理

ヘルシー志向の強くなっている欧米では和食系の料理、中でも鮨は健康食としてブームになっている。確かに肉中心の料理にくらべ、魚介類中心の鮨は低脂肪で低カロリーであり、はるかにヘルシー。しかも、指でつまめるほど小さくて美しい。

色彩も豊かである。

赤だったらマグロ、カツオ、アカガイ、エビ、イクラなどだし、青だったらアジやサバ、イワシ、コハダなど。白はイカ、タイ、カレイなどで、黄はアナゴ、ウニ、タマゴなど、黒は鉄火巻き、納豆巻きなどに用いられる海苔といった具合である。

色が異なれば含有される栄養成分もちがう。つまり、鮨ネタの数だけ「味」と「栄養成分」があるのだ。中にはサプリメント顔負けのパワーを持った鮨ネタもある。次に代表的な鮨ネタの栄養や機能成分について、簡単にあげてみる。

マグロ……世界的にもっとも人気があり、トロの部分だと三〇パーセント近くが脂質で、

ＤＨＡ（ドコサヘキサエン酸）とＥＰＡ（エイコサペンタエン酸）が豊富。どちらも超情報化社会・超高齢化社会には不可欠の成分で、前者は記憶力をよくして創造性を高める働きがあり、後者は血液をサラサラにして、全身の細胞の若さを維持する機能がある。ビタミンＢ類やＥ、Ｄも多い。

アナゴ……ウナギを思わせる風味が人気。ウナギに似て脂質が多く、蒸した状態で一三パーセント前後。肉質はほろりと淡く、煮ても焼いてもうまい。「回春のビタミン」と呼ばれるビタミンＥが多く、体の老化を防いで若々しさを保つ。

アカガイ……身の赤い二枚貝で血液中にヘモグロビンという色素を含有するために肉が赤い。体に脂肪のたまるのを防ぐビタミンB_2や、脳のエネルギー源となる糖分の代謝を助けるビタミンB_1も含まれている。

イカ……コレステロールを減らして心臓の働きを強くするなど、現代人に有益なタウリンが多く、動脈硬化の予防にも期待されている。暗視野能力という、暗がりで物を見分ける能力を強くする作用でも脚光を浴びている。

アジ……くせがないので鮨ネタの他にも、たたきや塩焼き、干物などで人気がある。たんぱく質と脂質のバランスがよく、うま味のもとになるイノシン酸やグルタミン酸が多いために美味。ＤＨＡやＥＰＡも含まれていて、血液をサラサラにして、コレステロール値を下げる働きが十分に期待できる。

エビ……高たんぱくで低脂肪。しかも低エネルギーだからダイエット向き。赤い色素のアスタキサンチンは、植物の色素成分のカロチノイドと同じように抗酸化作用を持ち、血管の老化を早める活性酸素を除去してくれる。独特のうま味があるのは、グリシンやベタインなどのアミノ酸が豊富なためである。

カツオ……全身の四分の一は良質のたんぱく質で、血合の部分にはビタミンやミネラル、タウリンなどのアミノ酸が多く、その栄養価は動物のレバーに匹敵。脂質に豊富なＤＨＡは脳細胞を活性化し、学習能力を高め、血管をしなやかにする。脳と神経系の健康を保つ働きをするナイアシンも含まれている。カツオの肉にはうま味成分のイノシン酸やグルタミン酸が多く、日本料理にはカツオ節のダシ汁が欠かせない。

タイ……姿、色、味の三拍子そろった白身魚で、「めでたい」に通じるところから祝い膳には欠かせない。アミノ酸バランスのよい良質のたんぱく質が多く、脂質が少ない。白身肉のうま味のもとになっているのは、豊富に含まれているイノシン酸。美肌のビタミンと呼ばれるビタミンEも多い。

イクラ（サケの卵）……赤いつぶつぶの美しさと食感の弾力が魅力になっている。グルタミン酸などのアミノ酸が多く、うま味のもとになっている。三分の一がたんぱく質で、老化防止のビタミンEやB類も多い。

ウニ……世界各地の海で採れるが、そのうちの八〇パーセントは日本人が食用にしていると言われるほど日本人はウニ好き。アミノ酸のメチオニンや、グリシン、バリン、グルタミン酸といったうま味成分が豊富に含まれ、これらが複雑にからみ合って、濃厚で甘味のあるウニ特有の味を生み出している。オレンジの色素成分はカロチノイドの一種で、粘膜の強化など免疫力を高める働きをしている。

枝豆のあなどれない力

茹でたてでもいい、よく冷えた枝豆でもまたいい。濃いグリーンのさやに納まったつやかな豆で、噛むと爽やかで甘い。ついこの間まで天然のおやつだった。

江戸時代には「はじき豆」とも呼んでいた。さやを押すと、ピョンと飛び出して行方不明になったりするためで、

はじき豆　はじき過ぎたでどっか逃げ

という川柳もある。
今では一年中出回っているが、旬は夏から秋。まだ熟していない青い大豆を枝付きのま

ま刈り取ったもので、大豆はもちろん豆類だが、枝豆は分類上は野菜で「野菜豆」と呼ぶ地方もある。意外なことだが夏は野菜が不足する季節で、その端境期をサポートしていたのが枝豆だった。

「枝豆」という呼び名は「枝なり豆」からきている。奈良時代には「生大豆」とも呼び、枝付きのまま茹でて酒の肴にしたり、スナック風な食べ方をしていた。現在でもビールに枝豆は付き物である。

茹でた枝豆をさやから出して、醤油とカツオ節にひたしておかずの一品にもした。茹でた枝豆をすり鉢ですりつぶしたものを、東北地方では「ずんだ」と呼ぶ。砂糖、塩などで味をととのえ、つきたての餅にからめたり、和え衣にする。

呼び名の由来にはいろいろあって、甚太という人が最初に作ったからとか、陣太刀の柄を使って茹でた豆をつぶしたのが始まりとも言われているが、「豆打」がなまって「ずんだ」になったものだろう。

ナスやズイキのずんだ和え、キノコのずんだ和えがよく知られている。生豆を炊き込んだ豆ご飯は、目に鮮やかな夏の風物詩である。夏の午後、母親は茹でたての枝豆を平ざるに山ほど盛って、よく出してくれたものである。子どもたちに夏を乗り切る体力をつけさせる貴重なスタミナ源だった。

枝豆は、言ってみれば大豆の子であり、たんぱく質が多いのは当然としても、親より偉いのは、親にはほとんど含まれていないビタミンCや、カロチンが豊富に含まれていることだ。

ビタミンCはストレスに対する抵抗力をつけ、体の老化を促進させる活性酸素の害を防ぐ。風邪などに対する免疫力を強くしたり、発ガン物質の生成を抑制するなどの働きをするのもビタミンCだ。発ガンの抑制といえば、枝豆に多いカロチンにも同じような作用が期待されている。元々はカロチンは、植物が紫外線から身を守るために生成している物質なのだ。つまり、枝豆を食べるということは、たんぱく質の多い大豆とビタミンCなどの豊富な野菜を一緒にとるようなものである。

枝豆には米などの炭水化物から作られ、脳のエネルギー源となるブドウ糖を完全燃焼させる上で欠かせない、ビタミンB_1も含まれている。疲労回復にも効果があり、昔は脚気《かっけ》の予防にも役に立った。

ビールに枝豆は付き物であるが、実は最良の組み合わせ。枝豆にもビールの麦芽にもレシチンが含まれているからで、レシチンには頭脳力を高める働きがあり、長寿と情報化の時代には、まさに最強のコンビである。だからと言って、飲み過ぎが健康によくないのは言うまでもない。

生涯、箸を使うから脳が若い

昔は、どこの家でもお母さんが朝暗いうちに起きてご飯を炊いた。

日本人は炊き立ての湯気の立つご飯が大好き。だから、お母さんは口の中で「初めチョロチョロ、中パッパ」と呪文を唱え、夫や子どもたちにおいしい朝ごはんを食べさせようと、早起きをしたものである。

お母さんの炊いたご飯はひと粒ひと粒が立っていて、表面に艶がありほのかに甘い。食べるといかにも体中に「米の力」が浸透していくような感じがして、家族は朝から元気がわいた。おいしいご飯にはちょっと粘り気がある。

そのご飯を箸で小さなかたまりにして口に運ぶ。かたまりはつぶつぶがお互いにほどよく粘り合って崩れない。どのくらいのかたまりにするか、日本人は無意識のうちに箸の先を器用に使いこなして形にしているのだ。

目安はひと口大。それほど大きく口を開けなくても、品よく口の中に納まる程度のご飯のかたまり。時には、そのご飯のかたまりの上に漬物とか、塩ザケのほぐし身などをのせたりするが、空中で崩れたりしない。

ご飯だけではない。味噌汁でも漬物、煮豆、納豆、豆腐、焼魚、刺身でもすべてこの二本の箸で上手に取り分けて口に運ぶ。焼き海苔をご飯の上に広げ、箸を使って海苔巻きに仕上げるしぐさなど、まるで手品のような鮮やかさ。ホテルなどで、外国人もよく目を丸くしている。

指先には神経が集中していて脳と連動している。指先を器用に使うことは脳の活性化に役立ち、その若さを保つ上でも有利なのはよく知られている。

日本人をはじめ箸を使うアジアの人々は、生まれて食い初めの時から二本の箸を持ち、寿命のつきる直前まで手放すことはない。生まれて母乳と決別した幼児が、箸をしっかり握りしめて「食の冒険」に旅立つのだ。

箸を使って、まずご飯の食べ方から学習する。ご飯は日本人の主食であり、ご飯の味をしっかり覚え、そのご飯の味に合うおかずの味を学びながら成長していく。

三度三度、食事ごとに箸を使い続けることは、年齢に関係なく、脳の機能を向上させるためのエクササイズ（鍛錬）のようなものである。日本人にとって生涯現役というのは、実は「生涯箸使い現役」のことなのである。

米にはうるち米ともち米がある。もち米はその名が示すように餅やおこわを作るための米で、粘り気が極めて強い。米デンプンの粘り気を形成する成分をアミロペクチンというが、もち米は一〇〇パーセント、アミロペクチンでできている。うるち米は、もち米ほどではないが、アミロペクチンが八〇パーセントくらい含まれていて、あとの二〇パーセントはアミロースという成分。

私たちの主食は粘り気の強いジャポニカ種で、これに対して炊いても固く、パサパサしていて粘り気の少ないのがインディカ種で、アミロースが多い。

日本では、縄文時代の稲作開始の当初から粘り気の強い米飯が好まれ、箸でご飯をかたまりとして持ち上げて食べるユニークな箸の文化が発達した。

白米の表層部分にはいろいろな甘味成分が含まれているが、そのひとつがグルタミン酸。うま味成分で、水に浸けておくとギャバ（ガンマ・アミノ酪酸）に変わることが分かっている。脳内の血流をよくしたり、血圧を安定させ、動脈硬化の予防作用を持つことで注目されている物質。

昔、お母さんが子どもたちを寝かせてから、羽釜《はがま》に水加減をした米を一晩浸け、翌朝起きて炊飯したのは、米に含まれている健康効果を引き出すという意味もあった。

海から村にやって来る身の赤い魚

日本の秋は、まさに「天高く馬肥ゆる季節」である。太るのは馬ばかりではない。人間も、また肥えるのである。

しかし、気にすることはない。

寒い冬に備えて食べよ、という自然からのありがたいアドバイスなのだ。現在のように、暖房などなかった時代は、脂肪を増やして寒気に負けない体形にしておく必要があった。夏に減退していた食欲が自然に回復するのは、食べよという摂理に他ならない。

いまや節電の時代である。

ダイエットなどに神経をとがらすよりも、冬だけでもよいから、大らかに〝体内暖房〟の知恵を見直すべきではないだろうか。幸い、私たちは日本という素晴らしい国に住んでいる。秋が深まると、野にも山にも、海にも川にも美味珍味が溢れる。

とくに、サケである。

山が色づいて産卵期になると、生まれ故郷の川に戻り上流に向かって遡上する。古くから人々に親しまれてきた魚で、縄文遺跡からも骨が出土していて、平安時代の辞典『和名《わみょう》類聚抄《るいじゅしょう》』(以下『和名抄』と略す)にも載っていて、その子はイチゴのようだとある。スジコのことである。

毎年、義理固く群れをなして川を遡《さかのぼ》るサケは、内陸の人たちにとってはアテにすることのできる、冬を乗り切るための貴重なたんぱく質の供給源であり、ご馳走だった。大量に獲れるため日干しにしたり、塩引きなどにして保存。塩引きは弁当の人気おかずとなり、やがてサケ茶漬けを生む。

塩引きは塩蔵魚のことだが、「塩引き」と言ったらサケを意味するほど塩魚の主人公となった。焼くと塩を吹くほど塩分が多かったが、米飯のほのかな甘味に実によく合い、人気も高かった。

サケはお歳暮の主役であり、正月の祝い魚としても欠かせない。江戸時代に始まり、のちにこの習慣が庶民にまで普及した。正月魚は土地によって違いがあり、塩ザケを用いるのは主として東日本で、西日本になると塩ブリとなる。

サケの場合、肉の赤さから他の魚とは違った神聖な魚と考えられ、その色には厄除けや幸運、長寿を呼び込む力があると信じられていたのである。土地によっては、神の贈物として珍重され、アイヌの言葉ではカムイチエプ（神の魚）と呼ぶそうだ。

神の魚だから、頭部から骨まで残さずちょうだいしなければならない、という土地もあるが、事実、サケは頭部の氷頭《ひず》（軟骨の部分）から骨まで全部うまい。

赤い色素はアスタキサンチンで、植物のカロチノイドと同じように抗酸化作用を持っている。しかも、その抗酸化の働きはカロチノイド以上である。老化を防ぎ、生涯現役で長生きするために大変役立つ魚である。

正月は不老長寿を神に願う行事であり、サケはその願望をかなえるために川を遡ってくる神の贈物なのだ。

最近の研究によると、サケのようにアスタキサンチンやドコサヘキサエン酸（サケの脂質に豊富に含まれている）の多い魚をよく食べている高齢者は、認知症になりにくいそうである。

そば湯を飲用して脳能力向上

昔から「そば好きは長生き」と言われ、確かにそば屋でニコニコしながら、そばをたぐっているご老人は元気な方が多い。

そして食べたあとにそば屋の亭主が出してくれる「そば湯」をうまそうに飲んでいる。実はそば湯は大変体にいい栄養汁で、古くから飲用する習慣があった。

江戸時代の初期には、そばは現在と同じようにそば切りになっていて、その頃からそば湯も楽しまれていたと見てよい。そばには水溶性の成分が多く、そばを茹でる時に湯の中に溶けることを知っていたのである。

「そば湯」には「ぬき湯」の呼び名もあり、そばの成分が「ぬけ出ている湯」という意味ではないだろうか。味、白濁した色とともに、いかにもそばの地力を感じさせる湯であり、飲んでもコクがある。

江戸時代の元禄（一六八八〜一七〇四）の頃には、そば湯は当たり前になっていた。元禄八年（一六九五）刊の『本朝食鑑《ほんちょうしょっかん》』にも、「そば切りの煮湯をそば湯という」とあり、健康によいから飲むべきである、と説いている。著者は医師であり、そば湯の健康効果を知って勧めていたのだろう。

そばに含まれている栄養成分のうち、他の穀類と比較して豊富なのがたんぱく質とビタミンB_1。アミノ酸も豊富で、男性ホルモンの原料となるアルギニンが多く、そば好きが長生きと言われる背景のひとつは、男性としての若さを維持する機能性が高いためかもしれない。

ビタミンB_1は脳の唯一のエネルギー源であるブドウ糖を燃焼させ、効率よく使うために役に立つ。つまり、脳の若々しさを保ってくれるのだ。

そばに多いビタミンB_1は、息切れや手足のしびれなどの原因となる脚気を防いだり、疲労回復にも効果がある。昔は山岳の修験者や行者の多くは、そば粉を入れた袋を腰に下げて山を巡りながら修行した。山中の食料はそば粉で、清流の水や湯などを用いて練って食べ、体力を維持したのである。

そばには毛細血管を丈夫にして、脳内出血などを防ぐ効果で注目のルチンが豊富に含まれている。ところが、ルチンは水溶性のために、そばを茹でている間に湯の中に溶け出してしまう。その上、そばに含まれているビタミンB_1やB_2なども水溶性。さらに、そば粉中のたんぱく質や炭水化物などもかなり溶け出している。

ルチンはビタミンCと一緒に摂取すると、毛細血管の補強作用がいっそう強くなる性格がある。そば通になると、そば湯のために薬味のネギを少々残しておく。そばつゆともども味の相性もよく、より美味になることもある。ポリフェノールの一種であるルチンはビタミンPと呼ばれることもある。

面白いことに、そば湯を入れる湯桶《ゆとう》は注ぎ口が正面ではなく、横の角の所に長く突き出している。そば湯の濃い成分が残らないようにするためだが、ここから、人が話している最中に横から口出しする人のことを、「そば屋の湯桶」と呼んでいた。

コラム　恵比寿さまは、なぜタイを抱えているのか？

福の神というと恵比寿さまと大黒さまが有名で、今でも神棚に祀っているご家庭が多いのではないだろうか。

大黒さまは威勢よく米俵に上がり、打ち出の小づちを振り回して富を授けていなさるし、恵比寿さまは大物のタイを抱えてニコニコと福笑いしていなさる。米と魚に関係の深い福の神であり、日本人の「主食」と「主菜」を保証する神でもある。

タイは「めでたい」にあやかって、お祝いの席には欠かせない。語呂合わせだけではない。タイが海魚の王さまであるのは、味がよいだけでなく、形や鮮紅色の色彩が華麗であるおかげだ。日本人にとって、祝い膳には味だけでなく、姿や色の見事さも必要なのである。

祝い魚であると同時に、その色彩には悪魔除けの力もあると信じられ、他の魚とは異なる特別な力を持っているのがタイである。

江戸時代、大名がお国入りの時に口にするタイを「御宿入のタイ」と呼び、国を発つ時には「御出府のタイ」と呼んで、これまたタイを食べたのである。

タイは各地の縄文遺跡からも出土している。青森市の三内丸山《さんないまるやま》遺跡からは、何と、一メートルはあったと見られる大きなタイの骨が発掘された。背骨がつながった状態だったところから、三枚におろされていた可能性が高い。

そうすると、刺身的な食べ方をしていたのかもしれない。ということは、日本人の刺身好きはすでに縄文時代には開花していたのである。

刺身好きの民族性は弥生時代にも引き継がれ、卑弥呼が描かれていることで有名な『魏志倭人伝』には、倭人（古代日本人）の食にふれ、「冬夏生菜を食す」とある。「生菜」は生の菜で魚介の生食を示す。

奈良時代の人たちも刺身を好んだ。『万葉集』に、タイの刺身が出てくる。

タイは、赤色が鮮やかで美しいだけではなく、味もよく、しかも長命である。魚は一般的に短命だが、タイの中でもマダイに限って言えば、四〇年以上も長生きする。「めでたい」は単なる語呂合わせだけでなく、実は長命魚であるという点でも評価を高めていたのだ。

江戸時代の『本朝食鑑』にも「鯛は魚類の長」とあり、婚礼や祝儀の膳には欠かせないのは形、色ともに優れていたからだとしている。さらに、「鯛を常食すると、顔の色がよくなり、寿命ものびる」とも記している。

タイの皮の赤い色素が注目を集めているが、それは強力な抗酸化力があるためだ。アスタキサンチンで、その抗酸化作用はカロチン以上という説もあるほど老化防止に役に立つ。

福の神の恵比寿さまは、いつもタイをだき抱えニコニコして歳をとらない。タイには良質のたんぱく質や脳細胞の若々しさ、記憶力の向上などには欠かせないＤＨＡ（ドコサヘキサエン酸）が豊富に含まれている。だからタイは不老長寿、生涯現役時代に合った理想的な成分を持った魚と言っていいだろう。

恵比寿さまは福笑いしながら、タイの効用を伝えているのではないだろうか。

第四章

和食は老いない体を作る

小豆《あずき》物を好む日本人は、世界有数の長寿

日本人にとって、赤はとってもおめでたい色である。真っ赤に燃える太陽をイメージし、その光にふれると幸福な感じにひたれるからである。

夕焼けは明日の晴天を予感させた。稲作民族にとって、太陽の光ほどありがたいものはない。だから、日本人は元旦の初日の出を心をこめて礼拝する。

古くから、日本では「赤」はおめでたい色であり、不老長寿を招来する色、同時に病気や悪霊除けの色でもあった。

いろいろな長寿の祝いを総称して「寿賀《じゅが》」と言うが、ご存じのように、六〇歳の「還暦」では赤い頭巾や赤のチャンチャンコを身に着けて祝う。ここでの赤色の意味は、〝赤子〟に戻って若返り、さらには、長生きできるようにという意味と厄除けのため。還暦を「本卦帰り」と言うのもここからきている。

人生八〇年の現代とは異なり、昔の六〇歳は長寿であり、おめでたいことだった。タイかエビのどちらかが飾られた祝い膳が並び、小豆で赤く染めたおこわが盛られた。

「赤」はハレの日のご馳走の色であり、嫁入りなどの祝いごとや祭りの日、行事のある日などには、必ず赤い食材で作られた料理が用意された。その代表格が「タイ、エビ、アズキ（小豆）」の組み合わせだったのである。

これらの赤い色素には強い抗酸化力があり、老化の進行や、ガンなど病気の原因ともなる活性酸素を消去する力が大変に強い。タイとエビの赤はアスタキサンチンであり、小豆の場合はアントシアニンで、いずれも抗酸化力にすぐれている。

つまり、祝い膳に登場する「赤い料理」は実は立派な不老長寿食だった。そして、赤い料理の中でもっとも重要なのはお赤飯。

平安時代の辞典『和名抄』では、小豆のことを「あかあずき」と呼び、「赤」を強調している。古代、赤い色は特別の霊力があると信じられ、儀礼祭事には欠かせない食材となっていた。一月一五日に「小豆がゆ」をいただく習慣は、すでに平安時代に行われている。

民間では、旧暦の一日（新月）と一五日（満月）には白米に小豆を混ぜて炊き、これを「赤まんま」と呼んで食べる風習が生まれた。赤染めのご飯は縁起がよいとされたのである。年中忙しい米作りで消耗する体力を養生する意味でも、赤まんまは重要であった。

小豆には、疲労回復に欠かせないビタミンB_1が多い。ビタミンB_1は物忘れを防ぐ上でも役に立つ。脳のたったひとつのエネルギー源となる、ブドウ糖の代謝に不可欠のビタミンでもあり、不足すると集中力がダウンしたり、イライラや無気力になったりする。さらに恐ろしいのは、記憶力の低下につながりかねないということだ。

サポニンも注目される。コレステロールや中性脂肪を低下させ、血栓の予防でも期待されている成分。強い利尿作用や便通をととのえる効果もあり、むくみや便秘の解消にも効果的。小豆一〇〇グラム中には約一八グラムの食物繊維も含まれていて、整腸効果も期待できる。若返りに役立つビタミンEも含む。

一日と一五日、つまり、新月と満月を目安に「赤まんま」を食する習慣は、実は体内メンテナンスの大変な知恵だったのである。赤まんまは、その機能面から見たら超高齢化時代、超情報化時代のまっただ中で生きる現代人にとって、必要な食べ物かもしれない。

イカ・タコ、イコール、タウリン食

歴史的に見ると、日本人は他の民族があまり口にしないような魚介類に、むしろ美味を感じ、舌鼓を打つような傾向が強い。

イカやタコ、ホヤ、ナマコ、イクラなどであり、この特殊性が和食の特徴のひとつだ。珍しい食材を口にするということは、単に味の変化にとどまらず多彩な栄養成分もとることになり、健康や長寿にも役立ってきた。日本人が長寿である背景のひとつに、前述のような魚介類を好むことがあるのかもしれない。

世界中で、もっともイカやタコなど、軟体動物の好きな民族は日本人だろう。イカやタコには魚のような骨がないので食べやすいし、日干しにすると保存も利き、味もいっそうよくなる。縄文時代の貝塚から石灰化したイカの甲が出土していて、縄文人はイカやタコが好物だったようだと分かる。

最近、イカやタコの成分として注目されているのが、タウリン。このタウリンは疲労回復に役立ち、気力や体力を強化する作用もある。また、肝臓の働きを活性化する働きもあるから、酒の肴にイカの塩辛やイカソーメン、タコの刺身などが出されるのは実は大変科学的なのだ。イカはとくにタウリンが多く、スルメに付着している白い粉はタウリンの結晶体で、なめてみると、かすかに甘い。

僧侶の世界にはきびしい戒律があったが、ひそかに破られていた。女色に耽《ふけ》り、肉にも舌鼓を打っていたようで、さまざまな隠語が残されている。鶏卵は「遠眼鏡《とおめがね》」だし、アワビは「伏鉦《ふせがね》」、酒は「般若湯《はんにゃとう》」で、タコは「天蓋《てんがい》」だったが、それほどまでして食べたい魅力が、イカやタコにはあった。川柳で和尚さまの破戒ぶりをながめてみよう。

天蓋に衣をかけて和尚食い

タコだとばれないように、衣をつけてから油で揚げてテンプラにしている。

天蓋を和尚むしゃむしゃ破却する

タコの脚なんか片手で持って、堂々と味わって楽しんでいる。
昔、忍者は干しダコやスルメを噛みながら、夜間トレーニングをしたと伝えられている。暗がりの中でも視力が利くようにするためで、タウリンには暗視能力を高める働きもあるのだ。和食の食材は単にうまいだけではなく、機能性が極めて高い。
ぜひ、もう一度和食の素晴らしさを知って、無国籍料理から日本食に回帰して欲しい。

「初物七五日」の知恵

島国の日本は四季がハッキリしていて、春夏秋冬と三カ月ごとに変化する。

日本人の食文化はそうした季節感の上に成り立ち、旬とは切っても切れない関係が生まれた。春夏秋冬の産物がそれぞれ豊穣だから、日本人の選択眼は非常に鋭敏ですぐれている。その鋭い季節感が和食を生んで、育てたのである。

春から夏にかけては、カツオに代表される暖流系の魚がやって来るし、秋から冬にかけては、サケに代表される寒流系の魚が大挙して南下してくる。その上、沿岸性の回遊魚もいるし、定着性の魚群も少なくない。日本は島国で海は目の前だから、新鮮な魚を容易に皿に盛ることができるわけで、鮮魚はレア（生）で食べるのが最高の味という「刺身文化」が育ったのである。

脂ののった旬物の魚に、必要以上に手を加えるのはよくない。しっかりした技を身に付けた包丁人ならそれを熟知しているから、ごてごてした料理などにはならなかった。どんなに豪華に盛り付けられた日本料理でも、そこに旬の魚の刺身がなかったら、その膳組みは失格であり、お客も満足しない。

つまり、季節の魚の生食が欠けていたら日本料理は成立しないのである。したがって、包丁人にとってもっとも大切な能力は、旬の素材を見極める眼力ということになる。

日本は言ってみれば、日本各地に膨大な数の貝塚を残した縄文時代以来の「素材グルメの国」であり、その中で四季に恵まれながら暮らしてきた日本人の味覚は、自然にとぎ澄まされてきた。そのような味覚に鋭い日本人が文化にまで高めたのが、列島で季節ごとに展開される「旬食」。和食のコンセプトである。

魚の場合、新鮮なものだったらまず刺身にするのが最高の食べ方であり、植物だったら、野や山、そして畑に季節ごとに生えるものを味わうことが「旬食」である。

旬食は「初物」とも呼ぶ「走り」から始まって、もっとも味と栄養成分の充実した時季の食べ方であるが、それだけでは終わらないところに日本人の味覚のデリケートさがある。そして、その繊細で鋭い感性が、旬のあとさらに「名残り」を作った。

急ぎ足で走り去っていく旬味に対して、惜別の一切れが季節の味への名残りでもあった。

大ざっぱに言うと、それぞれの食材の食べる期間を昔は三〇日と考えていた。「初物（走り）」の一〇日間。「旬」の一〇日間。そして「名残り」の一〇日間。とくに、名残りのことを「終わり初物」と呼び、心をこめて味わった。名残りを惜しみながら食べたら、次の年の「初物（走り）」が出始めるまでは口にしない。日本人の味の美意識である。

「初物、旬、名残り」に加え、一年を通して食べるのが「時知らず」。旬の食材をベースにして作られた加工食品や豆腐、それに納豆や漬物、味噌といった発酵食品などを指す。

重要なのは発酵の過程を加えた保存食で、これらの食べ物には、酵母や乳酸菌、麴菌、それに酵素が多く、抗生物質などの優れた医薬品のなかった時代には、一年を通しての健康管理には不可欠の食べ物であった。

「初物食べると、七五日長生きする」ということわざがある。野菜系だったらビタミンCやカロチンなどが多いし、魚類だったら脂がのり始めている。待ちに待った味わいという満足感。人々は旬の食べ物から自然の生命力をもらって、パワーを強化したのである。

「初物をちょうだいする時には、東を向いて、笑ってから食べろ」という教えもある。稲作農耕民族にとって、東の方角は大切だ。太陽が昇る方角だからで、今年も無事に初物が食べられましたと、日の神に感謝を表したのである。

一月から一二月までの標準的な「旬の食材」をあげると次の通り。あくまでも平均的な旬であり、土地によって異なる場合もあるのは言うまでもない。

一月の旬……春菊、小松菜、せり、ネギ、大根、カブ、ホウレンソウ、白菜、ミカン、きんかん、アンコウ、タラ、カキなど。

二月の旬……三つ葉、せり、ホウレンソウ、大根、春菊、ネギ、蕗のとう、ブリ、タラ、ワカサギ、マグロなど。

三月の旬……春菊、大根、カブ、よもぎ、三つ葉、フキ、ニラ、オレンジ、伊予かん、メバル、ワカサギ、ホッケ、ハマグリなど。

四月の旬……タラノメ、カブ、キャベツ、フキ、ワラビ、ゼンマイ、タケノコ、ウド、イチゴ、メバル、タイ、アマダイ、アサリなど。

五月の旬……キャベツ、サヤエンドウ、枝豆、ニンニク、レタス、ジャガイモ、タマネギ、そら豆、グリーンピース、イチゴ、メロン、カツオ、アユ、タイなど。

六月の旬……カボチャ、ナス、キュウリ、らっきょう、インゲン、グリーンピース、ピーマン、アスパラガス、ショウガ、西瓜、瓜、桃、アユ、アジ、ウナギ、サザエ、アサリなど。

七月の旬……カボチャ、キュウリ、ナス、ショウガ、シソ、トマト、西瓜、さくらんぼ、桃、アナゴ、アユ、ウナギ、スズキなど。

八月の旬……カボチャ、ナス、キュウリ、ピーマン、オクラ、ミョウガ、ショウガ、にが瓜、トマト、とうもろこし、梨、桃、アユ、イカ、アジ、スズキ、エビ、サザエなど。

九月の旬……サツマイモ、サトイモ、とうもろこし、栗、梨、ブドウ、サンマ、イワシ、スズキ、ボラ、イカなど。

一〇月の旬……サツマイモ、サトイモ、人参、栗、梨、カキ、ブドウ、リンゴ、サンマ、サバ、スズキ、ボラなど。

一一月の旬……人参、ゴボウ、サツマイモ、サトイモ、ヤマイモ、白菜、ネギ、シイタケ、えのき茸、舞茸、シメジ、マツタケ、サンマ、サケ、サバ、タラ、カキ、エビなど。

一二月の旬……人参、ゴボウ、春菊、小松菜、ホウレンソウ、カブ、ネギ、ヤマイモ、レンコン、大根、柿、ミカン、きんかん、タイ、ヒラメ、タラ、アンコウ、サケ、ブリ、ニシン、ハマチ、マグロ、イカ、タコ、カキなど。

季節になると、日本人が無性に食べたくなるもの

秋来ぬと目にはさやかに見えねども
　風の音にぞおどろかれぬる

『古今和歌集』（秋歌上）である。まだはっきりとは分からない気配の中に、次の気配が忍び寄っている。

秋風が立ちはじめるとサンマである。日本人の味の習性で、その季節になると「無性に食べたくなるもの」がいくつかある。秋の場合、それが脂のたっぷりのったサンマとなる。淡塩をふったサンマを炭火で焼き、熱々のところを大根おろしで食べる。

このサンマに目を丸くして驚嘆したのが、落語の「目黒のさんま」に出てくる殿さま。鷹狩りに出かけた殿さまが目黒の農家でご馳走になった、焼きたてのサンマにいたく感激し屋敷に帰って焼かせたところ、出てきたものがまったくの期待外れだったので、「サンマは目黒にかぎるのオ～」と、がっかりしたという筋立てになっている。

この殿さまは、徳川三代将軍の家光とも言われているが、根拠はない。大名が城や屋敷内で食事を口にするのは、「お毒味役」が試食したあとのため時間がたってしまい、せっかくの味も落ちてしまうのがふつう。とくに旬が命のサンマの場合、焼きたてが勝負であり、城の中で美味極まるサンマを食するのは土台無理だった。

サンマは北太平洋やオホーツク海などに広く生息し、日本列島沿いに移動している。産卵のために南下を始め、秋には脂ののった状態で千葉県の房総沖にやって来る。江戸時代、ここで水揚げされたサンマはその場で淡塩をふりかけて、すぐに快速船で日本橋の魚市場へ運ばれた。

波にゆられている間にほどよく塩がなじみ、天下一品の淡塩サンマになった。江戸っ子は、これを「ハンジョ」のサンマと呼んで珍重した。

「ハンジョ」は「半塩」で、淡塩がほどよくなじんだサンマのこと。つまり、江戸っ子たちは脂のよくのったサンマを最高の味加減で食べていたことになる。どこかの殿さまが、「サンマは目黒にかぎる」と叫んだサンマこそ、実は「ハンジョ」のサンマだったのである。

グルメとは食材の持ち味、うまさを最高に堪能できる人だとすれば、江戸っ子はまさにグルメであった。そして、内臓のほろ苦い味まで楽しみだったのである。昔も今も、秋が旬のサンマは一匹丸ごとの塩焼きにかぎる。

まて火箸わたしてさんま焼いて食い

江戸時代の川柳で、「まて火箸」は「まて暫《しば》し」にかけてあり、七輪に渡した火箸にサンマをのせて焼いている。

旬のサンマの体重の四分の一が脂質。しかも、物忘れを防いで記憶力を向上させる成分のDHA（ドコサヘキサエン酸）や、血栓を防いで血行をスムーズにするEPA（エイコサペンタエン酸）、女性のお肌の若さを保つビタミンE、それに骨を丈夫にするカルシウムやタウリンまで含まれている。

「秋刀魚」と書くように、サンマは秋の風物詩にもなっている。背びれ、尻びれが極端に体の後方についていて、細長の体は銀色に光る。そこで江戸の川柳。

一匹のさんま抜身のように揚げ

その季節になると無性に食べたくなるものがある、ということは健康的に意味深い。風邪の流行する冬に備えて、サンマをしっかり食べて脂とたんぱく質をとり、免疫力を強くしておけと体が求めているわけである。

天然の腹薬・大根おろし

日本人は食べ物を何かに喩《たと》えるのがうまい。その食べ物が持つ健康効果を子どもたちに分かりやすく伝える手段としての喩えの場合が多い。一種の食育である。

「畑の肉」と言ったら大豆のことだし、「海の玄米」はイワシ。大豆は肉に劣らないほどのたんぱく質を含んでいるし、イワシは頭から丸ごと食べられ、しかも、栄養豊富な点が玄米にそっくりだ。

そして、大根のことを「畑の腹薬」と呼んだ。もちろん生の大根のことで、消化を助け、胃のもたれなどを解消してくれるからである。

大根の消化促進作用はすでに平安時代からよく知られていて、当時の『医《い》心方《しんぽう》』には

「辛味があって香りがよく、穀物を消化し魚肉の毒を消す」とある。食べ物の消化によいという意味だ。古くは大根のことを「鏡草」とも呼んでいる。

鏡は鏡餅のことであり、餅の消化を助けるために生大根が添えられたところから来ていて、正月のお供え餅の上に大根をのせる風習は、今でも各地に残っている。

事実、大根には多彩な消化の〝妙薬〟が濃厚に含まれている。

まず、米や雑穀などの穀類を主食としてきた日本人には欠かせない、デンプン分解酵素のアミラーゼが多い。さらには、たんぱく質分解酵素のプロテアーゼ、脂肪分解酵素のリパーゼなど、さまざまな活性度の高い消化酵素が実に豊富なのだ。

『医心方』にもあるように、昔からサンマやサバなどの焼き魚には大根おろしが添えられてきた。魚の味を引き立てるためでもあるが、それだけではない。焼き魚のこげにはニトロソアミンなどの発ガン物質が発生しやすい。ところが、大根おろしに含まれている各種の消化酵素がそれらの物質を分解し、毒性を中和してしまう。

もちろん、昔の人たちが、そこまで考えて焼き魚に大根おろしを組み合わせたわけではないだろうが、結果的には大変理にかなった食べ方をしていたことになる。

大根の辛味成分はイソチオシアネートだが、こちらも発ガン物質の活性化を抑制する作用が注目されている。イソチオシアネートは、森が生む心地よい癒し系の香りフィトンチッドの一種と見られ、殺菌作用もあり、これが大根おろしの大きな効能になっている。

欧米でも大根は薬用の野菜として栽培され、食欲不振や消化不良の処方などによく用いられている。大根の辛味成分は血行もよくなるので、美容や冷え性にも効果がある。

「大根のある家に胃病なし」

「大根どきの医者いらず」

二つのことわざは、大根の養生効果を伝えたものだが、大根おろしの作り方を教えているものもある。

「怒ってすると辛くなり、笑いながらすると甘くなる」という伝承もある。怒りながらすると一気にすりおろすことになり、辛味成分のもとである繊維が効率よく破壊され辛くなるから、これは確かに事実である。

「生でよし、すってよし、煮てもよし、干して、漬けても、これまたよしよし」と言われるように、大根は昔から台所の千両役者だった。大根一本あれば夕食のおかず一〇品くらいは即座に作れたし、漬物としても常に台所の隅に置いてあった。

大根おろしにはセルロースやリグニンといった食物繊維が多く、便通をととのえて腸内をクリーンにする作用が強い。昔は皮付きのまま、ごしごしとすりおろして大根おろしを作った。皮の部分がもったいないという心があったのは言うまでもないが、実は皮ごとの方が健康効果が高かった。大根のビタミンCは、皮や皮に近い部分に多いからである。

かつて、大根おろしはどんぶりに山ほど盛られてちゃぶ台の中央にドーンと置かれ、家族の皆が自由に取って食べたものである。

「若水」と「宝水」の長生きメッセージ

新年は、「明けまして、おめでとうございます」の挨拶で始まる。昔も今も変わらない年頭行事だ。

お正月がなぜおめでたいかと言うと、歳神《としがみ》さまがやって来て、新しい魂を分けてくださるからだ。その魂をちょうだいすることによって、生命が再生され、新しい一年を無事に過ごすことが保証される。歳神さまは、生命の再生、若返り、そして五穀豊穣の神であり、山から降りてやって来るから、お正月は「おめでとうございます」で始まる。

元旦の最初に行うのが「若水《わかみず》汲み」で、一家の主人が早朝の暗いうちに井戸水や湧き水などを汲み、この水で歳神さまへの祝い膳を用意したり、口を清めたりした。若水でたてたお茶を服用すると、水の霊力によって歳をとらないと言われ、女性だったら肌が美しくなるという。

「若水汲み」は水の重要性を示している。江戸時代の『本朝食鑑』に、「正月元旦の夜明けに汲む水を井華水《せいかすい》という。これを若水ともいう。（中略）その朝、まず若水を汲んで手を洗い、口をすすぎ、沐浴するのに用いたり、酒や茶、朝炊きに用いると老を変じて若とし、旧を送って新を迎えるといわれている」とある。

早朝に汲んだ水は、もともと井華水と呼ぶ習慣があり、一日でもっとも澄んだ水だから、邪気を払い、腹の中を清め、熱気を下す効能も高いと伝えられてきた。

昔の人は、寝る前に飲む一杯の水を「宝水」と呼んだ。就寝中の水不足を防ぎ、朝方高くなりやすい血液の粘着性を低くして、心筋梗塞や脳梗塞などの発作から身を守ってくれる水のことだ。

まるで、宝もののようにありがたい「水」だから「宝水」で、健康管理に欠かせない不老長寿の水でもある。

歳をとると、寝ている間に体の水分は蒸発や発汗、呼吸によって失われやすく、朝方にドロドロの血液になっている場合が少なくないという。

朝は、まさに〝魔の時間帯〟であり、血栓を予防するためにも「宝水」は重要。人間の体重の約六〇パーセントは水分。頭のてっぺんから爪先まで、水分を含んでいないパーツはひとつもない。体内の水分は新陳代謝によって絶えず失われていて、減った分は補給しなければならないのである。

長生きしている方はお茶好きが多い。お茶の成分の摂取と並行して実は水分の補給にも役に立ち、結果として、体細胞の乾燥を防ぐ上でも有効なのだ。

老化の原因はいろいろあるが、ひと言で言うと体内水分の減少が原因。生まれたばかりの赤ちゃんは体重の八〇パーセントが水なのに対して、成人は六〇パーセント、老人は五〇パーセント以下と、歳をとるにしたがって体内の水の割合は減少していく。

老化は体内水量の物差しで見ると、「生体の乾燥過程」なのである。もちろん個人差はあるが、初めは八〇パーセントあった体の水量の割合が減っていくことになる。

ところが、六〇歳、七〇歳になっても肌に張りがあり、実にみずみずしく若々しい方がいる反面、五〇歳前後で早くも老人風のシワや表情になってしまう気の毒な人もいる。七〇歳になっても、八〇歳になっても、しっとり艶のある赤ちゃんのような肌を維持できたら、人生はもっともっと楽しくなるに違いない。

水の上手な補給こそ、実は老化防止にとても有効なのだ。私たちの先祖は水の重要性を、「若水」とか「宝水」という言葉で伝えてくれたのである。和食は世界一水分を多く含む料理で、体の水分の維持に役立ち、老化を遅らせる働きをしている。

正月料理にごまめが欠かせない理由

煮干しはダシの材料であると同時に、稲作農民の労働力を支える骨を丈夫にするカルシウムと、ビタミンDの補給食としても重要であった。

煮干しに向くのはカタクチイワシの小魚だが、マイワシやウルメイワシの幼魚などで作られる場合もある。いずれにしても、脂ののりが少ないイワシの方が味もよいので、大きなイワシは加工に向かない。

材料のイワシは、新鮮なうちに塩水で煮てから天日干しにする。煮て干すから「煮干し」で、土地によっては「煮じゃこ」とか、「だしじゃこ」などと言い、「いりこ」と呼ぶこともある。

煮ることによってたんぱく質がかたまり、干すことによって水分がとび、たんぱく質が微妙にアミノ酸に変化しうま味が増える。うま味の中心はカツオ節と同じイノシン酸だが、グルタミン酸などのアミノ酸も豊富に含まれている。

煮干しは農民にとっては栄養豊富な食材でもあり、味噌汁や料理などのダシ取りに使用されると同時に、料理の実（具）としてもそのまま食用にされた。

江戸初期の寛永二〇年（一六四三）に刊行された『料理物語』という食材名とその料理法を記した書物に、カツオ節のダシの取り方が出ているが、「鰯田作」とあり、田作りが煮物料理のダシに使われている。

この書物が世に出た頃の公家の朝の食膳に、ごまめが供されたと伝えられているが、今でも正月の祝い肴に黒豆、数の子と共にごまめ（この三種は関東地方の祝い方で、関西は黒豆、数の子、ごぼう）が必ず出される。

ごまめはカタクチイワシの幼魚を素干しにしたもので、「五万米」と景気よく書き、「田作り」とも呼んだ。江戸中期の『和漢三才図会《わかんさんさいずえ》』には、カタクチイワシがたくさん水揚げされた時には、田の肥料になるため、農家では米はイワシで作ると称賛され、「干鰯《ほしか》」とも呼ばれて全国的に流通したそうだ。

江戸時代を通して「海の米」と呼ばれるほどたくさん獲れ、食用としても重要だった。小イワシ類の食効について江戸時代の『本朝食鑑』は、「老いを養い、弱を壮にして人を肥健にし、長生きさせる」と述べている。

アミノ酸バランスのいいたんぱく質をはじめ、ビタミンB類、E、D、それにミネラルを豊富に含むが、とくに煮干しの場合、一〇〇グラム中にカルシウムが二二〇〇ミリグラムも含まれている。カルシウムは食べるトランキライザー（精神安定剤）とも言われるように、心を平穏にする作用がある。

だから、正月にごまめを食べて豊作を祈り、一年をおだやかに暮らせるよう願ったのだろう。

第五章

ご飯グルメ民族の奥義

日本人に合った主食、それが米

日本人の主食は「米」である。

和食の中でもっとも重要であり、味のベースになるのがご飯なのだ。米は日本人が生きていく原動力であり、グローバルな情報化時代を生き抜く活力のもとである。

日本は長寿の国として世界的に認知されているが、米の力がなかったらこれほど長生きできただろうか。米の味に組み合わせてきた、大豆、魚、野菜、海藻、山菜、キノコなどがことごとく健康食だったのである。

古くは日本を「瑞穂《みずほ》の国」と呼んだ。

「瑞穂」とは、みずみずしい稲穂のことである。日本は「米の国」ということになる。縄文時代の太古から「米」を作って食べ、生きてきたのが日本人だ。

米を精白し、水だけで炊き上げたのがご飯であり、私たちの主食。白くて光沢があり、ふっくらしていて、ひと粒ひと粒が立った状態で炊き上がった米の飯が日本人は大好きだ。

味がシンプルだから、どのような副食物にも合う。刺身やイモの煮っ転がし、納豆はもちろん、麻婆豆腐にもキムチや焼肉にもよく合う。

ご飯の場合、おかずとの味の境界線がほとんどない。自由自在なのだ。

日本人の食卓が豊かなのは米の飯が主役だからである。今では子ども時代から成長期にかけて、よく肉料理を食べるが、同時に握り鮨、刺身、おでん、おにぎりのような和食系の食べ方もする。

この一見無国籍に見える食事をしながら、心の奥には和食がしっかり生きている。それが、中年になって肉食比率の高い食事から、あっさり味の和食へUターンしたくなった時、その実行を容易にしているのである。

人は成長するにつれて体の要求に合った食事をするようになるが、日本人の場合その中心は常に米の飯であり、子ども、成人、中年、老年となっても変化するのは副食物のみで、米のご飯は主食として不動である。生まれてから死ぬまでまっ白い米の飯なのだ。

最近は米を食べなくなったと言われているが、コンビニなどのおにぎりの売り上げは毎年伸び続けていて、日本人は形を変えて相変わらず米を食べている。

米飯の効能について、江戸時代の『本朝食鑑』は次のように記している。

「たとえ金石草木、鳥獣虫魚が百薬であるにしても、米が身体に大切なのには及ばない。

薬用人参は百薬の長であるが、無病の人が常に服用していたら患うかもしれない。これが薬の米に及ばないゆえんである。それ故、病弱な人を養生するには、米食の方が服薬に百倍する」と述べ、続けて、「病気の時は薬となり、健康な時にも薬となるので、一朝一夕も人身から離すことはできない」と、米飯がいかに人間の健康維持に効果的かを強調している（意訳）。

のどが鳴るほどうまいご飯というのは、表面に白くてつやつやした光沢がある。そのようなご飯なら心地よい嚙みごたえがあり、かすかな甘みさえ感じられて、飲み込むのが惜しいほどの美味。これがいわゆる「銀シャリ」である。

ほどよい甘味をともなった米のうま味と香りは、ぬかと胚乳部（白米の本体）の境界線にある。したがって、米の搗精《とうせい》度は九〇パーセント強（歩留まり）がベストで、うま味成分は微量のグルタミン酸やアスパラギン酸などに加え、オリゴ糖などの糖質である。

アミノ酸系のうま味成分は炊くと湯に溶ける。これを蒸らし効果によって、炊き上がったご飯粒に回収する。したがって、ふっくらと蒸らすために時間をとることが非常に大事なのだ。

白い光沢は主としてオリゴ糖で、ほのかな甘味の成分。炊く前にしばらく水に浸しておくと、米の炭水化物の一部がオリゴ糖に変化する。米をといですぐ加熱すると、オリゴ糖の生成がうまくできないままに炊くことになり、甘味成分も少なく、味もまずくなる。

米のオリゴ糖は、腸内のビフィズス菌などの善玉菌を増やして老化を防ぎ、免疫力を強くしてくれる成分でもある。このように、ご飯のうまさはさまざまな成分がからみ合って生成されているわけだ。

日本人の好む、炊きたてご飯の三分の二は水分だが、味噌汁をはじめ豆腐や納豆、刺身、煮物、野菜のおひたしと、和食の副食物は水分が多い。これはカロリーが低いということだから、肉や脂肪を多用する欧米式の料理にくらべてカロリーのとり過ぎにはならない。

つまり、「米」を主食とする「和食」は太らない。

日本人女性の肌がみずみずしくて美しいのも、しっとりしたご飯を中心とする「和食」のおかげ、と言っても決して過言ではないだろう。

釜の底に発生する焦《こ》げの美味

米をうまく炊いて、米の味を最大限に生かす。これがむずかしい。

三度炊くめしさえこわし軟《やわ》らかし
思うようにはならぬ世の中

という江戸時代の狂歌があるが、いろいろ工夫して最高の炊き方に到達したのが、よく知られた次の口伝である。

江戸時代後期のことわざや俗語を集大成した『俚《り》言集覧《げんしゅうらん》』に、うまい飯を炊き上げる方法がのっていて、これが呪文のように楽しい。

ドウドウ火ニ
チョロチョロ火
三尺サガッテ猿ネムリ
親ガ死ストモ
蓋トルナ

というもので、もちろん羽釜を用いたかまど炊きだ。

「ドウドウ火」というのは、熱いよく燃えている状態であり、「チョロチョロ火」は羽釜の中が沸騰したので、そろそろ火勢を弱めようかという火の様子を言う。「三尺サガッテ猿ネムリ」という奇妙な表現はトロ火状態のことで、世界で一番米好き民族の日本人の知恵が生んだ、炊飯テクノロジーの真骨頂だろう。

落ちつきのないのが当たり前の猿でも、その前に座るといい気持ちになって居眠りしてしまうのが「猿ネムリ」。かまどの余熱のことで、「三尺」は約一メートルである。

そして、「親ガ死ストモ蓋トルナ」となる。これが、うまくて長寿効果の極めて高い〝銀シャリ〟を生むコツとなる。つまり「蒸らし効果」だ。この時に蓋をとると、蒸気がもれて熱が下がり、せっかくの炊飯がまずくなる。

蒸らすことによって、沸騰中に米から釜の中に流れ出ていたオリゴ糖や、アミノ酸などの呈味《ていみ》（人が食品を食したときに感じる味覚）物質を米粒の表面にとり戻す。したがって、蒸らしに時間をかけないと甘味のないまずいご飯になってしまう。

オリゴ糖などの呈味物質を増やすためには、米をといで水に浸す作業から気配りする。気配りと言っても、別にむずかしくも何ともない。

昔のお母さんなら誰でも実行していたように、といだ米をそのまま火にかけるとか、あるいは、すぐに電気炊飯器のスイッチをオンにするようなことはせず、最低でも冬で一時間、夏でも三〇分はかけて十分に水を吸収させる。

このようにひと手間かけることによって、甘味を示すオリゴ糖などの糖質やその他のうま味成分が生成されるわけだ。

「蒸らし効果」の仕上げは、軽く「おこげ」を作ること。蒸らしは、釜の底に水分を残留させないだけでなく、余熱で米飯の底の部分をうっすらとキツネ色に焦がす。

底の方がほんのりと焦げるぐらいの炊き上がりだと、かすかに還元糖さえ発生するから、炊き上がったご飯にさらに甘味が加わる。「炊く」は、「蒸らす」、「焦がす」のプロセスが連続してはじめて完成する炊飯法なのだ。

羽釜の場合はたいがいかまどを使用するから、その中に釜の本体がすっぽりと入って万遍なく熱が廻り、「蒸らす」と「焦がす」が十分に遂行される。その上、厚手の木の蓋が余分な水気や蒸気を吸収してしまうため、飯全体がふっくらと仕上がり、味もいっそう引き立つ。

この重量感のある木蓋こそ、日本の風土が生んだ、米に含まれているうま味を完璧に引き出すための知恵。木蓋は保温力が高い上に湿度調節も自動的にするから、釜の飯は冷たくてもまずくならない。この炊飯法が生まれたのは江戸時代で、「炊き干し法」と呼ばれ日本中に普及した。釜炊きのご飯はうまいからである。

釜炊きの大きな魅力がお焦げで、うま味の源泉は、加熱によって発生するデキストリンやグルコースなどの甘味成分であり、釜の底とその周辺の飯にも移行していき、最高にうまいと感じる風味を生んだ。

新米ご飯の味噌おにぎり

新米の頃になると、日本人の表情が明るくなったものである。稲刈りの季節になると水田ばかりでなく、日本中の山も川も海も天然の食材で満たされ、収穫期を迎えるのだ。

日本は、そのくらい豊穣の国だった。

どこへ行っても「天高く馬肥ゆる秋」状態になったのである。畑ではサツマイモやサトイモ、ニンニクが採れ、山では栗やクルミ、山ブドウ、キノコ。川では子持ちの下りアユが丸々と太り、海には脂ののったサンマがやって来て、山の幸、畑の幸、海の幸が次々と食膳に盛られた。

稲刈りの頃になるとその前に田の水を抜くから、太ったドジョウが水口に集まり、夕方ドジョウ汁になった。ドジョウ入りのカレーもあったがあまり人気はなかった。しかし、子どもたちは面白がって大騒ぎ。

ドジョウは子どもたちの成長を早くすると言われ、無理やり食べさせられたのである。確かに、アミノ酸バランスのよいたんぱく質と、成長に欠かせないカルシウムの供給源としては理にかなっている。だから、親は腰を痛めながら一生懸命水田のドジョウを捕ったのである。

水田にはドジョウばかりではなく、フナやウナギ、ナマズなども入りこんできたから、おかずの一品ぐらいは容易だった。

昨日こそ早苗とりしか　いつのまに
　稲葉そよぎて秋風ぞ吹く

『古今和歌集』の「秋歌上」にある詠み人知らずの作品で、「苗代の早苗をとって、田植えをしたのは、つい昨日のことのように思えるのに、いつの間にか稲の葉をそよそよと吹き鳴らす秋風の季節になってしまった」という意味。

時の移りゆく速さに驚くと同時に、稲に対し、立派に育ってくれてありがとう、という愛情がにじみ出ている。一年間の粒々辛苦《りゅうりゅうしんく》が実りの秋にずっしりと重たい稲穂になって、報いられたことに対する心からの感謝。

新米というと、今でも稲作農耕民族・日本人の血が騒ぐ。なにしろ、明治の初めで日本人の八〇パーセント以上は農民だったのである。豊年満作を祝う秋祭りの太鼓の音を、遠い記憶の中からよみがえらせてくれるのも、新米のほかほかご飯である。

米がくれたらよォ
米のおまんま食えるよォ
富士の山ほどよォ
生味噌添えててね〜

雪のようにまっ白な大盛りのご飯に生味噌を添えて、好きなだけ食べられる秋一番の幸せであり、ご馳走だった。新米飯はそのくらい魅力があったのである。

確かに、新米ご飯はみずみずしい上にさわやかな香りもあって、いくらでも食べられた。そうは言っても、食べ過ぎは消化不良をおこしかねない。その上、米の主成分は炭水化物。たんぱく質が不足する。

そこで、たんぱく質が肉並みに含まれていて、ご飯の甘さを引き立てる生味噌を山ほど添えたのである。生味噌には豊富なアミノ酸に加えて、酵母や麹菌、さらには生きた酵素もたっぷりだから、消化をスムーズにするためにも役に立った。

昔は学校から帰ってくると、母親が、生味噌を付けた頭ほどもあるおにぎりをよく作ってくれたものである。生味噌には消化酵素が多いから、両手でかかえるほど大きなおにぎりをペロリと平らげてもすぐ空腹になった。

算数や国語、理科などで小さな頭をさんざん使い、校庭を走り回ったり、学校からの長い道のりを歩いて帰る途中でエネルギーを使い体は消耗しきっているので、母親のおにぎりはありがたかった。

味噌おにぎりは、遺伝子もよろこぶ稲作農耕民族の〝魂のフード〟と言ってもいい。

「苗代ギャバ」は村の長寿食

今はほとんどが機械化された田植えだが、昔はすべて手植えで、しかも若い女性が主役だった。稲の苗を水田に植える作業は、米を主食とする民族にとってもっとも重要で神聖な行為である。

稲の苗を「さなえ」と言い、植える女性を「さおとめ」、田植えをする月を「さつき」、その頃に降る雨を「さみだれ」と呼んだ。

「さ」は「早」で若々しいとの意味だが、接頭語で「田の神」を意味する。「さつき」は言うまでもなく五月で、「さおとめ」は早乙女である。早乙女は、紅のたすきに紺の香りもすがすがしい脚絆《きゃはん》を着け、晴着で美しく化粧した。泥田の中に入るのになぜ化粧したのだろうか。

田の神さまのご機嫌をとるためだ。秋の豊作を約束してもらうための、奉仕の役を受け持っていたのである。顔に白粉を塗り、唇に紅をつけて常人と異なる容姿をした。そもそも、化粧は日本の場合、早乙女に起源するという由来説まであるほどだ。

田植えをする人たちへの昼食は、昔から「きな粉おにぎり」が決まりである。太陽神をかたどり、円と光を表している。きな粉おにぎりは稲田の水口にも供えられ、田の神の御入口であることの目印であった。

早苗は苗代で、大切に育てられた。まず、稲の種もみを藁で作った小振りの俵に詰めて、数日水に浸しておき発芽をうながす。つまり、もみの中を発芽玄米状態にする。これを苗代に蒔《ま》いて発芽させ、苗まで育てる。これが田植え時の「早苗」である。

小俵入りの種もみのうち使用されるのは三分の二ほどで、残った種もみは日に干して乾燥させ、新しい俵に詰め込んで囲炉裏の上の棚などで保管した。

備蓄食となり、焼き米の原料としても大切だったのである。焼き米は古くから作られていて、平安時代の辞書『和名抄』には、「糒米」の文字を用いて「やきごめ」と読ませている。

その作り方は、もみ殻付きのまま蒸してつき、平たくして日に干す。乾燥したらもみ殻を除いて食用にしたが、さらに煎《い》ると香ばしくなる。

江戸時代、焼き米は街道など各地の宿場名物となった。疲労回復の妙薬として人気があり、旅人はこれをポリポリと噛みながら旅を続けたのである。宿場によっては、甘く味を付けたものを出して名物となった。とくに、中山道の浦和宿（埼玉県さいたま市）の焼き米は味がいいので評判になった。

種もみは胚芽がふくらむ程度に発芽させてあり、現在で言うと「発芽玄米」そのものである。古くから疲労回復の薬餌にされたのは、ビタミンB_1の含有量が豊富だったからだ。不足すると、怒りっぽくなったり、疲れやすくなる。

玄米自体のビタミンB_1は一〇〇グラム中に〇・四一ミリグラムあり、あらゆる穀物の中でもトップクラス。脳のエネルギー源であるブドウ糖を完全燃焼させるためにも欠かせない。

生きている限り体内のいたる所で発生する細胞の酸化、つまり老化を防ぐビタミンEも、玄米一〇〇グラム中に一・三ミリグラムも含まれている。動脈硬化を防ぐ働きでも注目されている若返りのビタミンだ。

その他のビタミンやミネラルなども豊富だが、発芽玄米で注目されるのは何と言ってもギャバだろう。ガンマ・アミノ酪酸の略称である。

種もみが水に浸けられ発芽しようとする時に、胚芽の部分にとくに多いグルタミン酸がギャバに変化する。最近、このギャバが持つ効用が脚光を浴びて発芽玄米ブームだが、実は日本人は太古から、田の神がくだされた聖なる焼き米を通して「苗代ギャバ」をとってきたのである。

つまり、種もみで作られた「焼き米」は稲作農耕民族のサプリメントだった。ギャバには多彩な健康作用があるが、ひとつがイライラや不安を取り除く抗ストレス作用。村という地域社会で人づき合いを上手にこなし、夫婦仲良くニコニコ暮らしていく上で大切な機能性成分である。

ギャバの働きを自律神経で言うと、リラックス効果の副交感神経を優位にする作用だ。前頭葉の老化による機能低下を防ぎ、認知症の予防も期待されている。血液中の中性脂肪を低下させ、血圧の安定にも役立つというのだから「苗代ギャバ」は文句なしの長寿食だ。

「いざ!」となったら餅パワー

「餅」には不思議な力がこもっている。

そのひとつが「ちから餅」。力仕事をする前に餅を腹の中に入れておくと、実力以上の力が出るという餅信仰だ。

確かに餅は高カロリー食品だから、瞬発力を必要とする場合のエネルギー源としては理想的だと分析できるが、日本人の餅信仰はそんな単純なものではない。巨大で不思議な力がつくと信じて餅を食べたからこそ、ふだん出せない力が湧くのである。

力餅は出産直後の母親にも出された。子を産むと腹の中が空っぽになるから、力餅を食べて力を呼び戻すのだ。結婚式には紅白の力餅がふる舞われたし、妊婦には力づけの餅を贈る習慣があった。

暑さで体力の消耗する夏の土用の丑の日につくのが「土用餅」で、炎天下で働いても負けない体力をつけた。峠の茶屋には、山越えの「力餅」があって、街道を上り下りする旅人に力を与えた。今でも各地の街道筋には、土地名物としてドライブインなどで販売されている。

赤ちゃんの満一歳の誕生日には、一升餅を背負わせて部屋をひと廻りさせる風習が今でも残っている。これも、幼児の足腰に力をつける「ちから餅」の信仰である。

ところで、年末年始などの大売り出しでは、現在でも「福引」が行われて買い物客に人気がある。最近ではクジ引きだったり、抽選器を回して玉をはじき出し、その色で運試しをしているが、この起源も、ひとつの餅の両端を持って二人で引っ張り合う占いからきたものだ。餅をより多くとった方が、より多くの「福」に恵まれる、という古い占いの形である。このように、不思議な力を与えてくれる餅は、ほとんどの場合「丸い餅」であった。丸餅は、太陽、つまり日の神をかたどったものであり、そこには神の聖なる力が宿っていると信じられていたのである。

稲作民族にとってもっとも重要なのは、稲を育ててくれる太陽の不滅の力だった。だから、新しい年の始まるお正月には、太陽をかたどった「鏡餅」を作り、まず、神さまにお供えした。そして豊作を祈ったのである。お正月に訪れる歳神《としがみ》さまはその家の鏡餅に宿る。歳神さまは日の神さまでもある。

平安時代の『源氏物語』には、鏡餅が「餅鏡」と出ている。「餅」の文字自体は奈良時代からあり、「もちひ」と呼ばれていた。光にあたると一気に照り輝く鏡は太陽、日の神を模したもので、多くの神社のご神体になるほど神聖な存在である。

餅は携帯に便利で、腹持ちがよいところから「持飯」となり「もちいい」から「もち」になったという説もある。

餅の腹持ちのよさは古くから定評があり、「茶腹一つ時、餅腹半日」と言われ、とくに兵糧によく用いられている。お茶を飲んでもすぐに空腹になるが、餅を食べておくと半日は持つという意味で、携帯兵糧にはぴったりだった。

中国地方を代表する戦国大名の毛利《もうり》元就《もとなり》（一四九七〜一五七一）は、頭脳的な作戦でよく知られていたが、豆餅を好み常に準備していたという。餅は聖なる食だから、それを食べることによって神が守ってくれるという自信がついたのである。これも餅の力だ。

毛利元就は人生五〇年の時代、七一歳で九男をもうけているが、精力絶倫だったのは餅パワーのおかげだろうか。

また、お正月の子どもたちの楽しみは何と言っても「お年玉」で、現在は新年を祝う贈り物や子どもたちにあげる金品を指すが、本来は神さまの力をいただくことだった。

餅には歳神さまの御魂《みたま》が宿っており、餅を食べることによって、健康や長寿、豊かな実りを得ることができると考えられていて、そこから、歳神さまの恩恵を子どもや使用人などに分け与える「お年玉」という習慣が生まれた。つまり、「お年玉」というのは、本当は小さな餅のことだったのである。

「一汁三菜」とめぐり食い

和食の卓越した知恵は「膳《ぜん》」の上にもある。

膳というのはふち高で正方形の木製であり、寸法は尺二寸が定番。メートル法で言うとほぼ三六センチの塗り物である。

一人用の食卓で、この上に「一汁三菜」を彩りよく配置する。膳の上に六個の食器を置くと「一汁三菜」となり、これが和食の基本である。

「一汁」は一種類の汁物という意味で、普通は味噌汁を言う。「三菜」は三種類のおかずで、主菜がひとつと副菜がふたつ。以上で食器が四個になる。ここに、主食のご飯と漬物の食器が二個加わり、合計六個となる。この六個の食器に盛られる料理にはそれぞれ意味がある。

食事をする時、主食のご飯を食べるのは当たり前だから献立の中には記入しない。ご飯に漬物を添えるのも決まりであり、これも献立には記さない。

「膳」は「全」である。

尺二寸の膳の上に、単においしいだけではなく、健康を維持する上で必要な成分、それに季節の色あいを「すべて」盛るように気配りをする。

山のもの、海のもの、川のもの、野のもの、里のもの、つまり米、大豆、魚介類、鶏卵、時々肉類、野菜、山菜、キノコ、海藻などで、その季節にその土地で入手可能な食材をそろえる。色彩も白、緑、黄、赤、黒と五彩を心がける。

このようにして料理を作ると、自然に栄養のバランスがとれ、食べる人の健康が守られる。これが「一汁三菜」の基本である。

「三菜」のうちの主菜（メーンディッシュ）は動物性たんぱく質が中心で、魚介類が主体であるが、肉料理の場合もあるし、卵料理になる時もある。

副菜はふたつあり、ひとつが野菜系で、ふたつめは大豆系。野菜系はイモ類、大根、人参、ゴボウ、昆布といった根菜類の煮物かホウレンソウや小松菜のおひたしなど。大豆系では、豆腐や納豆、煮豆などである。

日本人が魚であれ、野菜であれ素材を選ぶ場合、何よりも季節の物、そして旬を尊重し新鮮さを重く見るのは、材料に蓄えられた自然の力を損なうことなく食べるのが一番うまいし、体にもよいことをよく知っているからだ。

このような献立が庶民レベルで定番になったのは、それまでの玄米食から白米食になった江戸時代の元禄（一六八八～一七〇四）の頃からだろう。

世の中が平和で豊かになり、食のバランスを考えるようになったのである。『養生《ようじょう》訓《くん》』で有名な貝原益軒《かいばらえきけん》（一六三〇～一七一四）も自著の中で「五味偏勝《へんしょう》とはひとつの味を食べ過ぎることをいう」とし、「五味をそなえている物を少しずつ食べれば病気にならない」と記し、バランスよく食べて身養いせよ、という意味で偏食をいましめている。

「一汁三菜」のお膳の前に座ったら、次は箸の進め方になるが、これが絶妙で実に楽しい。まず、味噌汁を口に含み、口中をうるおす。次にご飯をとって味わう。続いて主菜に行き、次はご飯。そして、味噌汁となりご飯。次に二のおかず（副菜）、ご飯、三のおかず（福々菜）となり、ご飯、味噌汁、ご飯、主菜、ご飯とめぐり食いを進めていく。

あくまでも中心は米の味で、汁、ご飯、菜と交互に進める。その合間に漬物をとる。漬物にも意味があって、発酵熟成中に繁殖した乳酸菌や酵母、酵素などが含まれている。米食民族にとって、炭水化物の消化をスムーズにするためにも、漬物中の消化酵素は必要だった。

このように述べると、多少わずらわしく感じられるかもしれないが、ほとんどの日本人は和食の場合、このような「めぐり食い」になっているのではないだろうか。

日本人はなぜカレーライスが好きなのか？

今まで一度もカレーライスを口にしたことがない、という日本人はいないだろう。そのくらい日本人はカレーライスが大好きだ。現在では堂々たる国民食である。カレーライスが日本に登場したのは文明開化の明治時代だから、まだ一〇〇年そこそこである。元々日本には、ご飯の上に料理をのせて、そのうま味をご飯にもしみ込ませ、上の物と一緒にコラボレーションの味を楽しむ文化がある。

つまり、「どんぶり物」で、「おかずのせ料理」と言ってもいいだろう。ウナギの蒲焼きをのせれば「うな丼」、トンカツをのせれば「かつ丼」になる。

どのような料理をのせてもそれはあくまでおかずで、主役はご飯。この食べ方には必ずタクアンなどの漬物が付くから、どんぶり物といえども立派に一膳分の必要な栄養はそろっている簡便食であり、同時に完結料理になっている。

そして、明治になってデビューする「おかずのせ料理」がカレーライス。日本人のご飯料理には必ず漬物が付くから、カレーライスにも付いていたはずだが、はっきりとは分からない。大根の味噌漬けとかタクアン漬けという説もある。

今では定番になっている福神漬けが付くようになったのは、昭和の初期と見られている。帝国ホテルの料理人が、カレーライスに添えたのが最初という説が有力だ。新入りのカレーと一緒に食べるご飯の味をより美味にするため、漬物にまで心を尽くした結果の福神漬けであった。

福神漬けは大根やナス、ナタマメ、ショウガなど、七種類の野菜を刻んでみりん醬油に漬けたもので、インドの漬物の一種であるチャツネに、色といい甘酸っぱい味といいよく似ていた。カレーの濃厚な味わいをマイルドにする上でも役に立つ添え物である。かくして、カレーライスには福神漬けという図式が出来上がった。

明治の日本人にとって、西洋文明とともに入ってきたカレーライスは従来のようにどんぶり鉢ではなく、皿に盛られたご飯料理だが非常に目新しく、時代のシンボルに見えたはずである。この時から、ご飯とおかずを平らな皿に盛る文化がスタートする。米食の歴史から見ると薬くさいスパイスがたくさん使用され、しかも肉も入っていて、そのとろりとした黄金色という点で、それまでにない料理であった。

軍隊料理に採用されたことでその普及に拍車がかかったが、米飯の味に合うことが分かり、家庭料理にもスムーズになじんでいく。やがて、子どもたちの味覚をすっかりとらえてしまう。

肉、ジャガイモ、人参、タマネギ、さらにはスパイスと、実に栄養もたっぷりという点でも、子育てに熱心な日本のお母さんたちの心を摑んだ。お母さんたちは腕によりをかけ、わが家のカレーライスを生み出していく。「おふくろの味」である。

カレー用のスパイスは香辛料と訳されているが、ほとんどは薬効性の高いものばかり。黄色のもとはターメリック（ウコン）で、主成分のクルクミンは血液を浄化したり、血管や脳細胞の酸化を防ぐ強い作用で知られている。

ジンジャー（ショウガ）には保温作用があり、冷え性の改善に役に立つし、ガーリック（ニンニク）にはご存じのようにスタミナ強化や強精作用がある。その他のスパイスもそれぞれの薬効成分を含んでいて、カレーライスは薬効性の高いライス料理なのである。

日本人のカレー好きはライスにとどまらない。カレーうどん、カレーそば、そしてカレーパンにまで拡大している。今やアメリカでもアジアでも、ジャパニーズ・カレーライスが人気だ。人気の秘密は、ダシと醬油を上手に使用している点にあるようだ。

第六章

和食を支える発酵ワールド

微生物を育てる日本の雨

日本人の挨拶は天気がよい、悪いから始まる場合が少なくない。天気が変わりやすいからだ。雲が多く、それが雨に結びつく。モンスーン特有の気候で、このため雨は、古来さまざまな言葉で表現されてきた。春雨、梅雨、五月雨《さみだれ》、こぬか雨、天気雨、にわか雨、小雨《こさめ》、涙雨、長雨、通り雨、狐の嫁入り、みぞれ、氷雨《ひさめ》……。

このように、日本の雨は多彩な降り方で大地をうるおしてきた。当然のことながら、日本列島の降雨量は大変に多い。年平均で約一八〇〇ミリ。世界平均は九七〇ミリだからその二倍。地球の穀倉地帯と言われるアメリカでさえも七六〇ミリである。

日本はまさに水資源大国なのだ。この豊富な降雨を活用して、米を得るために大地に構築された生産システムが「水田」であり、「稲作」である。

世界の先進国の中で日本ほど高温多湿の国は少ない。年平均の湿度がだいたい六五パーセント、東京では七〇パーセントもある。

フランスは三〇パーセント台の前半だから、日本の半分。ある民族にとって、主食が何であるかは単なる嗜好性を超えている。主食にあわせて副食物や調味料、飲み物のタイプまで決まってくるという点で、大きく見れば民族の体型や頭脳の機能、寿命の長短、文化にまで影響を及ぼす重要な問題である。

日本に牧畜肉食文化が生まれなかったのは、平野が国土全体の一五パーセントしかないという山岳列島であることに加えて、カビが発生しやすいという風土の特徴が大きな理由になっている。雨が多くて湿度が高いということは、カビが発生しやすいことを意味し、日本人はこのカビと実に上手に共存してきた。

一方では、カビの害を少なくするため、通気性を重視した清潔な障子やたたみを多用する生活空間を生み出す。また一方では、そのカビを活用して多彩な発酵食品を作り、脂肪を使用しなくても美味きわまりないダシや調味料、酒、漬物などの食文化を形成してきた。そのダシこそ、カビ付けによってうま味のアミノ酸を増やしたカツオ節である。

「大神の御粮《みかれい》、濡れてかび生えき、即ち、酒をかもさしめて、庭酒《にわき》をたてまつり、宴《うたげ》しき」。奈良時代の地誌である、『播磨国風土記《はりまのくにふどき》』に出てくる古代の酒造りのくだりである。

文中の「かび」は明らかに「麴」で、大神にお供えした粮（飯）が、水に濡れてカビが生えたので、そのカビを利用して酒を造り、酒盛りをしたという意味。このカビの利用法を見ても分かるが、日本人ほど器用に自然界から微生物をとり込んで発酵食品を作り、食文化を豊かにし、健康管理に役立ててきた民族も少ない。

和食の味付けでもっとも大事な役割を果たしているのが、菌類を利用した発酵食品の数々。味噌や醤油、みりん、酢、日本酒などで、菌類がなかったらこれら素晴らしい発酵食品は生まれてこなかった。

和食の味を支えてきたこの菌類もカビの一種であり、もとをただせば瑞穂の国という雨のよく降る湿度の高い風土が生んだ微生物なのである。高温多湿の日本列島は、一方で稲作文化の発展に役立ち、もう一方では、カビを利用したさまざまな発酵食品を育て、種々の酵素を生み出して日本人の健康を支えてきた。

日本はカビの国、だから甘酒

日本列島は年間を通して湿度が高く、カビが発生しやすい。高温になる夏ばかりではなく、うっかりすると冬でもすぐにカビが繁殖する。

しかし、カビは人間を困らせるだけの、不都合な存在であるばかりでもない。選んで活用すると大変役に立つことも日本人は経験の積み重ねによってよく知っていた。それをあらわしているのが、前述の『播磨国風土記』に記されている偶然発生した〝麹〟を用いて酒を造ったというくだりである。

ご飯は「強飯」のことで、米を蒸した「おこわ」。その強飯にカビが生えたというのだから「麹」である。平安時代の辞書である『和名抄』に「麹」の文字が出ていて、「かむたち」と読ませている。「かむたち」は「かびたち」で、カビが盛り上がるように発生しているという意味で「麹」を指している。

その麹を使って作ってきたのが、日本酒をはじめ、味噌や醬油、酢、甘酒などで、和食文化の大黒柱。

甘酒というと冬のイメージが強いが、江戸時代には胃や腸の健康を守り、夏バテ防止目的で、むしろ夏こそ飲むものだった。甘酒は発酵食品だから、麹菌をはじめ酵母や生きた酵素などが多く、消化器の免疫力を強化する上で役に立ったのである。

発酵の過程で乳酸菌も入り込んでくる場合があり、そうすると、乳酸発酵も加わって甘酸っぱくなったりもする。これがまた手作り甘酒の魅力なのだ。言ってみれば「飲むヨーグルト」的な要素もあるわけで、健康増進にもいっそう効果的だ。

古くから、お正月をはじめ雛祭《ひなまつ》りなど、子どもが主役のお祭りには麹で作った甘酒を飲む習慣があった。昔は幼児死亡率が大変に高く、「元気に成長できますように」という親の願いをこめて甘酒を作ったのだろう。

「ここまでおいで、甘酒進上《しんじょう》」

よちよち歩きをはじめた赤ちゃんの足腰を丈夫にするために、親が愛情をこめて言う誘い言葉である。そのくらい、赤ちゃんにとっても甘酒は魅力があった。

甘酒に多い麹菌や酵母、酵素などの生きた菌をとることによって、消化不良、さらには食中毒や伝染病などに対する免疫力を付けるための親心だった。しかも、甘酒は「飲む点滴」と言われるほどブドウ糖やアミノ酸、ビタミン、ミネラルなどが豊富に含まれている。

高温多湿の日本列島は、言ってみればカビ王国で、土にも空気中にも居住空間のいたる所にカビは存在している。私たちは経験と知恵によって、自然の中から役に立つカビをとり込み、多少の悪玉には負けない健康体を作ってきたのである。

朝から酵素食、だから日本人は元気

日本人の健康と長寿を支えてきた和食文化の特徴はいろいろあるが、そのひとつが、発酵食品を通して生きた酵素をとるということ。日本人は三度三度の食事を通して、たくさんの酵素をとってきた民族なのだ。何しろ、朝から酵素フードを食べるほど、酵素がかもし出す味わいを好む。

最近は食事も洋風化して、朝食はコーヒーにパン、目玉焼きという人も多いが、まだ平均的な日本人の朝食メニューは炊きたてのご飯に味噌汁、納豆、ぬか漬け、そしてアジの開きなどの焼き魚類も多い。そして、この中で発酵を利用していないのは何とご飯と生卵だけなのである。

和食の場合、朝食ばかりではなく、昼食にも夕食にも発酵食品が並ぶ。発酵食品だから当然、生きた酵素を豊富に作り出していて、それを食べた人の健康力を強化する大きなパワーを与えている。

消化能力を高め、病気に対する免疫力や治癒力、殺菌力などを増し、生きていく活力源として、私たちの健康力を支えているのが酵素だ。酵素があるおかげで、食べ物を消化、吸収したり、吸収した栄養成分をエネルギーに変えたりすることが可能となり、生命を維持できる。

体の中では数えきれないほどの酵素が活発に活動していて、その役割はすべて違う。食べ物を消化したり、体脂肪を燃やしたり、排泄したり、血行をスムーズに維持するなど、体の機能がとどこおりなく進行するのは、それぞれ役目を担う「酵素」がきちんと働いているからだ。

活性度の高い生きた酵素は、味噌、納豆、ぬか漬け、醤油、カツオ節、塩辛、酢、もろみ、甘酒、日本酒というように、和食の風土の中で育ってきた発酵食品には全部含まれている。

つまり、和食の食膳には必ず「発酵食品」が付くということだ。雨がよく降り、比較的温暖という風土のおかげで微生物が繁殖しやすいのである。ただ、酵素は熱に弱い。六〇度以上になると壊れてしまう。したがって、酵素食品は煮たり、焼いたり、電子レンジなどにかけないで、そのまま食べるのがベストになる。

「麹パワー」に驚くばかり

ついこの間まで、日本中のどこの村にも麹屋が一軒か二軒あって麹を作っていた。麹を購入できないと、手前味噌も醤油も作れなかったのである。

村の食生活と健康は、「麹」がなければ成り立たない。知恵者の男たちは、麹でドブロク（密造酒）を作っては酔っ払った。中には甘酸っぱくなるドブロクもあってうまかった。ヘルシーな乳酸菌ドリンクで、こちらは村の老人たちが飲んではニヤニヤしながら平気で長生きした。

村の人たちは麹使いの名人で、ドブロクでも味噌でも、漬物の漬け床でも何でも作った。漬け床は今で言う「塩麹」である。麹に水と塩を加えて発酵させたもので、どのような食材や料理にも塩代わりに使用できる。

甘酒に塩を加えて漬け床にする漬物は古くから東北各地にあり、中でも有名なのが、福島県会津地方の「三五八《さごはち》漬け」という名物だ。

数字は、材料の比率を表していて、塩が「三」、麹が「五」、米（ご飯）が「八」の割合で作るところから、「三五八」と呼ばれるようになったもの。麹の自然な甘さとやさしい香りが、季節を問わずに楽しめる豊かな風味がある。

夏はキュウリやナス、ショウガが、冬は大根、カブ、人参などが人気で、魚や肉、それにスルメや数の子なども材料となり、冬の楽しみになっている。

大根の麹漬けと言えば、東京にも「べったら漬け」という名物がある。

江戸時代からの伝統食で、練馬の広大な畑で秋大根の出始める頃、本タクアン漬けに先がけて作られたもの。毎年一〇月一九日（旧暦）に、日本橋大伝馬町で開かれる恵比寿講の宵宮に立つべったら市で売り出されて有名になった。

米麹のほどよい甘味と、練馬大根のカリカリした歯ごたえが特徴で、表面に麹がベタベタと付いているところから、この呼び名になった。大根は形がよく、色の白さが身上の練馬大根が人気を呼んだ。冬になると流行する風邪を防ぐ漬物としても評判になったらしい。

三五八漬け、べったら漬け、そして現代の塩麹と、いずれも重要な働きをしているのが麹。麹は味噌、醤油、日本酒、みりん、甘酒、漬物などの製造に広く用いられ、和食の発酵文化の原点となってきた。

蒸した米に、麹菌を繁殖させたのが米麹で、米麹の他にも麦麹、豆麹などがある。麹菌はカビの一種で、「こうじカビ」とも呼ばれている。麹は発酵食品にうま味や香りなどを加えるだけでなく、健康や長寿・美容に役立つ成分も数多く作り出してきた。

麹の凄さは小さな粒の中に含まれている酵素の数で、一〇〇種類もあるというのだから驚く。その酵素の中でも有名なのが、デンプン質をブドウ糖に分解するアミラーゼ、たんぱく質をアミノ酸に分解するプロテアーゼなどだ。

和食の魅力はダシ使いの知恵にあるが、ダシの日本代表がカツオ節だ。カツオには元々脂が含まれているが、カツオ節をダシに用いた汁には、脂が全然浮かんでいない。カツオ節の製造過程で麹カビを用いているために、脂が酵素によって分解されてうま味成分に変化しているためだ。麹カビが脂以上のコクのあるうま味をかもし出すのである。

麹菌は多彩な有効成分も生み出すが、その筆頭がビタミン類。ブドウ糖をエネルギーに変えるビタミンB_1、脂肪をエネルギーに変えるビタミンB_2などだが、非常に強い抗酸化力で注目の麹酸も作る。

美肌や細胞の老化防止に役立つ成分で、酒造りを手がける職人さんの白くて美しい手も、麹に含まれている麹酸によるところが極めて大きい。

日本のおばあちゃんの肌が美しいのはなぜか?

味噌汁のない和食献立など考えられない。ご飯の右隣にいつも寄り添っている。ご飯との味の相性がよいだけではない。ご飯とのアミノ酸バランスがよくなるからだけでもない。故郷を離れて生活していても、母親を思い出させる郷愁の味がしみ込んでいるからだ。歌手の千昌夫さんの「味噌汁の詩《うた》」は、熱い味噌汁を飲むたびにおふくろを思い出すと歌っていて、ほろりとさせられる。味噌汁は日本人のソウル・フード(魂の食)なのだ。

和食には味噌汁ばかりではなく、おふくろの手作りを連想させる料理が多い。イモの煮っ転がし、ぬか漬け、おにぎり、海苔弁当、ゴボウのキンピラ、煮しめなど、ことごとく健康食。母親が子の成長を願いながら作ってくれたものばかりだから、健康によいのは当たり前である。

何年か前、ニューヨークで豆腐をテーマにしたイベントで講演したことがある。大変な豆腐ブームで、とくに女性に人気があった。スピーチのあとで女性から質問を受けた。

「日本の女性はおばあちゃんになってからも、お肌が美しい。年齢を聞いて驚く。まるで娘さんのようなのだ。何を食べたら日本の女性のように若いお肌のままで歳をとることができるでしょうか」というものである。

私は「味噌汁」と即答した。

味噌汁は豆腐や季節の野菜などの入った味噌スープであるが、大豆タンパク由来のアミノ酸がたっぷり。その上、アミノ酸のかたまりのようなカツオ節が入っている。

つまり、肌の若さを保つアミノ酸が植物性・動物性と混在しているのである。人間の体が必要とするアミノ酸がすべて含まれているのが味噌汁だ。その上、大豆には女性の肌の老化を防ぎ、若さを維持する重要な働きをしているイソフラボンも多い。

若返りホルモンの主原料となるアルギニンも含まれている。この野菜たっぷりの「アミノ酸スープ」を、ご飯のベストパートナーとして食べてきたのが日本人だ。そして、世界一若いとうらやましがられる美しい肌を保っているのである。

「実の三種は身の薬」が味噌汁のコツ

日本人が長生きできるようになった背景には、先端的な医療技術の進歩と、安心できる健康保険のシステムや、ほどよい動物性たんぱく質の摂取。さらには過酷な農業労働、家事労働からの解放がある。

素晴らしいことに、日本はすべての国民が安心して医者にかかれる国なのだ。しかしその前に、健康度の極めて高い「和食文化」があったことを忘れてはならない。

病気を治療するのが「医術」とすれば、その病気を予防するのは「個人」であり、個人が口にする「食」である。つまり、もっとも重要なのはふだんの食なのだ。日本人の多くが長生きなのは、長寿になるように食べてきたその結果なのである。

長寿効果の高い料理を集大成したのが「和食」。たとえ、どれほど素晴らしい効果のある成分が含まれていたとしても、思い出した時にしか口にしないような物だったら、その効果は期待できない。毎日の食ごとにとっている食べ物の中に、地道に健康効果を高める成分がおだやかに含まれているのが一番いいのだ。

当たり前に食べているもの。実は、和食にはそのように目立たない「実力派フード」がたくさんある。その筆頭が「味噌汁」だ。

朝昼夕と一日三回飲むとして、一年間では一〇九五杯。旅行などで飲まない時があったとしても、一〇〇〇杯は飲む。人生八〇年とすると八万杯である。こんなにたくさんとる食が健康に影響を与えないはずがない。

味噌汁にはアミノ酸たっぷりの味噌が入り、カツオ節などのダシ、季節ごとの野菜やキノコ、海藻、豆腐も入れば、時と場合によっては豚肉や魚のアラまで入っている。

日本人は味噌汁の香り、色彩で季節を味わってきた民族だ。寒さがゆるむと、山菜の香りがして春の近いことを知る。秋はキノコやサトイモの匂いで、新米を腹いっぱい食べられる秋が来たことを知る。

母親は嫁に行く娘にしっかり「実の三種は身の薬」と、味噌汁作りのコツを教えた。夫と子どもたち家族の健康を守って、病気を防ぐのは何よりも味噌汁が大事。その作り方だ。つまり、季節の野菜を中心とした「実（具のこと）」が三種以上入っていた。実だくさんの味噌汁は「身（体）」の薬になるという意味で、味噌汁の効果を伝えている。

味噌の原料の大豆に多いイソフラボンはエストロゲン（女性ホルモン）に似た働きがあり、若さを維持する作用で注目されている。そのように機能性の極めて高い「味噌汁」を、朝昼夕と三回食べてきたのが日本人だ。「和食」の多彩な身体効果のひとつである。

味噌には「十徳」がある

古くから、「味噌の八徳」とか「十徳」とよく言われてきた。味噌には八つの徳があるとか、十の徳だといった意味だが、日本人にとって、味噌は調味料の枠を超越した存在だったのである。

まっ白い米の飯と並び、一家の幸せを支える大黒柱が味噌汁だった。この組み合わせは健康効果が極めて高い。日本人の寿命はのび続け、やがて平均寿命が九〇歳となるのも夢ではないが、味噌は私たちが知らないうちに、日本人の健康を支えてきたのである。

なにしろ、味噌は大豆に含まれている三五パーセントのたんぱく質が、麴菌のプロテアーゼ（たんぱく質分解酵素）で分解されて、長寿成分のアミノ酸になっている。つまり、味噌汁は豆腐や野菜などの入ったアミノ酸スープなのだ。

とくに、元気アミノ酸と言われるアルギニンの多い点が注目される。ご飯に添えて、味噌汁を食べれば栄養のバランスもとれ、元気が出るのである。

昔から伝えられてきた「味噌の十徳」をまとめてみると、次のようになる。

「第一の徳　骨を丈夫にする」

味噌汁に煮干しなどのダシやワカメ、豆腐、キノコ類を使えば、骨の原料となるカルシウムを摂取することができる。味噌には女性ホルモンに似た働きをするイソフラボンが多く、カルシウムの吸収を助け、老化により骨がもろくなるのを防ぐ作用もあると言われている。豆腐入りのワカメ汁などは、骨粗鬆症《こつそしょうしょう》を予防する理想食である。

「第二の徳　物忘れを防ぐ」

味噌の原料となる大豆に含まれているレシチンは、記憶力と関係が深い脳内物質のアセチルコリンの原料。中高年になって起こる物忘れは、アセチルコリンの量が減少することによって発生しやすい、神経回路の機能低下と見られている。「物忘れを防ぐ」と言われてきたのも、成分的にはレシチンやアミノ酸のことなのではないだろうか。

「第三の徳　イライラを防ぐ」

精神安定効果の高いカルシウムやビタミンB類、グルタミン酸などのアミノ酸が含まれていて、味噌汁にはイライラやストレスを防ぐ効果が期待できる。

「第四の徳　病気を防ぐ力が強くなる」

味噌汁は褐色をしている。この褐色こそメラノイジンで、発酵によって生じた成分であり、ガンや動脈硬化など、万病のもとと言われる活性酸素を抑える抗酸化作用で注目されている。あらゆる生活習慣病の予防効果が高いのだ。野菜などの具を増やすことによって、メラノイジンの効果はさらに高くなる。

「第五の徳　胃の調子をととのえる」

味噌には麴菌や乳酸菌、酵母などをはじめ、多種類の酵素が生きた状態で含まれているため、食べ物の消化をスムーズにして、胃の調子をよくする上で役に立つ。

「第六の徳　血液のめぐりをよくする」

「石鹸」とか「泡立つ」を意味する「サポ」に由来するサポニンは味噌にも含まれており、同じくレシチン、ビタミンEなどとともに、血管のクリーニング作用をしている。したがって、血液をよくする上で役に立つ。

「第七の徳　整腸効果を高めてくれる」

便通の停滞は、体全体の老化を早める大きな原因である。味噌汁が含む生きた微生物や酵素群、あるいは具に用いられる海藻や野菜群、キノコなどの食物繊維は便通をスムーズにし、整腸効果を高めてくれるのだ。一杯の味噌汁が人生を変えるほどの力を持っている。

「第八の徳　実の三種は身の薬」

味噌汁作りのコツ。三種類以上の実（具）の入った「実だくさんの味噌汁」は身の薬になるという意味。極端に言うと、箸の立つほどの実だくさんがよいとされている。ビタミンやミネラル、そしてサポニンやレシチン、食物繊維もたっぷりとれるから、まさに「身の薬」である。

「第九の徳『長寿汁』である」

さまざまな老化現象に「待った」をかけるのが味噌汁。それを昔の人はよく知っていた。江戸時代の『本朝食鑑』にも、「みそは一日もなくてはならぬもの」とあり、味噌は多くの効能を持っていると記され、味噌に含まれている麴の甘味成分は消化不良を解消し、血の巡りもよくするとも言っている。

「第一〇の徳　味噌汁は笑顔を作る」

心からうまいと感心するような味噌汁をひと口すすると、自然に顔がほころんでしまう。カツオ節のダシがよく利いていて、味噌のうま味アミノ酸と一体となって呼応した時、笑顔を誘う味わいとなる。カツオ節と味噌に多いトリプトファンという必須アミノ酸が、幸せホルモンのセロトニンを増やすからだ。

葉っぱおにぎりの乳酸菌

北の国は雪が多く、冬が長いから保存食が欠かせない。野菜不足への対応には頭を使う。そのひとつが漬物である。

野菜を生で食べるための知恵で、冷蔵庫のない時代には貴重だった。保存の手段として塩を使うが、上手に漬けると、やがて野菜から塩はほどよく抜けていき、野菜自体の持ち味と乳酸菌など発酵の力でうま味が増える。

もちろん、漬物だから塩分が含まれていて食べ過ぎはよくない。バランスよくご飯と一緒に食べれば乳酸菌や酵素、それに食物繊維などの働きで腸が活性化する。免疫力も向上するから健康効果も高い。野菜の力、乳酸菌のパワーである。

漬け方は家によっていろいろだ。塩漬けで通すところ、昆布や大豆などを入れるところ、途中で醤油、砂糖、麹などで漬け直すところ。いずれもうまい。愉快で面白い利用法もある。東北地方では、山形県を中心に作られている「葉っぱおにぎり」だ。青菜《せいさい》漬けの葉で握ったおにぎりで、かなり大きい。「弁慶めし」とも言う。

青菜はアブラナ科の高菜の仲間で、葉の幅が広くて大きい。呼び名の通り美しい緑色をしていて、カロチンやビタミンCが多い。ほどよく塩味のついた葉っぱにはかすかな辛味やほろ苦さもあって、ご飯の甘さを引き立ててくれる。

日本人は、ご飯をいろんな食材で包んで握る。海苔、とろろ昆布、漬物の葉っぱ、梅干しに用いた赤いシソの葉、油揚げに詰めたいなりずしなどもそのひとつ。ぼた餅は甘い小豆餡で包む。握り飯が主食であり、外側の包み材は「おかず」である。

お握りに味噌を塗ってから葉っぱで包み、金網で焼くと、香ばしさが増していっそううまくなる。持ち運びにも便利で、野良仕事の昼食の定番であり、うまい、うまい、と皆が目を細めて頬張った。

葉野菜の漬物でおにぎりにした郷土食は各地にあるが、和歌山県の「めはりずし」は異色である。

「すし」と呼んでいるように、ご飯に酢がふってあり、鮨の条件もそなえたおにぎり。本来は野良や山仕事の弁当として生まれたものだが、今では熊野地方の名物で観光客の人気も高い。

高菜の漬物で包まれたその巨大さは、まさに目を見張るほどで、呼び名の由来にもなっている。高菜のほろっとした辛味とご飯の酢の風味がよく合っていて、思わず頬張ってしまうほどうまい。酢が保存性を高める上でも、役に立っているのは言うまでもない。

粘糸でつながるきずな

日本は前述のように瑞穂の国である。

みずみずしい「稲穂」は、海を渡ってやって来た縄文時代以来、ずっと日本人に主食の米を恵んできた。米は「和食の大黒柱」となり、今でも主食として日本人の健康を支えている。

しかし、稲の恩恵は米だけではなかった。

脱穀したあとの稲わらも、日本文化を支えてきたのである。わらで屋根をふいてたたみを作り、ぞうりやわらぐつを作ってきた。綿の代わりにわらを用いた布団も今から五〇年ほど前まであったし、むしろや俵、鍋敷き、みの、腰みの、縄、おひつ入れなどの生活用具はすべて稲わらで作られていた。

そして、「苞《つと》」である。稲わらで作られた持ち運びの便利な容器を苞と呼び、『万葉集』に出てくるくらいだから、苞は稲作渡来の当初から用いられていたのではないだろうか。

苞の中に魚や貝類、海藻、山菜、木の実、イモなどを入れ、おみやげに持参する場合が多く、『万葉集』にも次のような作品がある。

家苞《いえづと》に貝を拾うと沖辺より
　寄せ来る波に衣手濡れぬ

「家へのおみやげに、貝を拾おうとしたら、沖から寄せてきた波で、袖が濡れてしまいました」

という意味。家苞は、おみやげもののことであるが、現在でも同じ意味で使う場合もあるほどの、生き残った古代語である。

苞に煮豆を詰める場合もあった。パックした状態で、一日か二日そのまま置いたとすると、湿度などの条件さえよければ煮豆は糸を引く。ここから日本人の知恵が発揮される。

わら苞に詰めた煮豆に、ある条件を加えると、粘糸が発生することに気づくのだ。糸を引いた豆はただの煮豆より美味になっていた。糸を引くということは、現在で言ったら発酵したことだから、大豆の豊富なたんぱく質がアミノ酸に分解されていて、確かにうまくなる。

次は意識的に、わら苞に煮豆を詰め、温度を加えたりしてネバネバの豆を作ろうとする。かくして、日本独特の「納豆」が発見されたのである。なぜ、煮豆をわら苞に詰めておくと糸を引くのか。

この糸も、実は稲の恵《めぐみ》なのだ。みずみずしい大地で育った稲わら一本には、ほぼ一〇〇〇万個の納豆菌が胞子の状態で付着している。納豆菌は高温、多湿を好む性質であり、とくに稲わらの保温保湿力の高さを好むのだ。

稲わらを束ねて作った「苞」に煮豆を詰めると、それまでわらの中で眠っていた納豆菌は突然目を覚まし、煮豆のたんぱく質を餌にするために、猛烈にたんぱく質分解酵素（プロテアーゼ）を中心にさまざまな分解酵素を出してアミノ酸に分解する。そして、それをエネルギーにして猛繁殖していく。この段階でよく粘る美しい糸を出すのだ。

つまり、納豆である。

最近、手作り系のわら苞納豆のファンが増えている。形や色がオールドファンばかりではなく、若い人の間にもファンを増やしているのは、稲作民族の子孫の遺伝子が稲わらに郷愁を感じているからだろう。

ご飯の上に納豆をのせてさっと混ぜると、糸とご飯と豆がつながり、ひとかたまりになる。これほど日本人のきずなを感じさせる食べ物も少ない。

第七章

肉よりも大豆たんぱく質を選んだ和食

肉を捨て、大豆を選択した日本人の愛

六世紀に伝来した仏教の信仰を持った日本人は、慈悲の心から肉食をやめる。しかし、肉の代替食をとらなければならない。それが大豆だったのである。日本人のやさしさが、肉の代替フードとして大豆のたんぱく質を選んだ。この選択は古代のビッグ・バン（大改革）となり、以後の日本人の食生活に大きな影響をあたえていくことになる。魚介類は食べるが、肉食はほとんどしなくなる。肉食忌避は明治時代の直前まで続くのだ。しかし、栄養的にも味覚的にもいっこうに困らなかった。

むしろ、大豆食の普及によって日本人の健康状態が肉食時代よりもいっそうよくなったのは間違いない。大豆は薬餌としても大切で、奈良時代の霊亀二年（七一六）の文書に、足の病気にかかり、寝起きもままならなくなった僧が、「薬用」にしたいから大豆を支給して下さいと、誓願した記録が次のように残されている（要点のみを記）。

「謹啓　欲請大豆　合一升許　右以此者　間足病起　不便起居　乞照此趣　薬分之大豆……霊亀二年四月」

霊亀二年というと、奈良の都の平城京が開かれた和銅三年（七一〇）から六年目にあたる。「足病起　不便起居」はあきらかに日本人に多かった脚気で、治療するために大豆を薬用にしようとしたのだろう。脚気は主としてビタミンB_1の欠乏によって起こるが、足がフラフラするだけでなく、運動障害や運動力の低下なども起こりやすくなる。当時、脚気症状の治療食として大豆が注目されていたのである。

人間の体は爪先から頭のてっぺんまで、髪や骨も含めてたんぱく質が存在しない部分はない。たんぱく質は命そのものなのだ。

高たんぱく質食品の大豆は、日本列島の南から北までどこでも栽培でき、保存性も高いから、年中食膳に供給することが可能であった。かくして、大豆は米と並ぶ和食の「二本柱」に成長していくのである。

驚いたことに、大豆には三五パーセントものたんぱく質が含まれている。牛肉で一八パーセントくらい、豚肉で二〇パーセントくらい、マグロの赤身で二六パーセントくらいのものだから、実に卓越している。

含有量が多いだけではない。大豆はたんぱく質の優劣を決めるプロテイン・スコアが一〇〇であり、完璧なのだ。大豆のたんぱく質には、人間が健康を保つ上で必要な二〇種のアミノ酸が、すべてバランスよく含まれているという意味。

良質のたんぱく質を豊富に含んでいる食材に与えられている評価が、プロテイン・スコア一〇〇なのだ。他に例をあげると、マグロ、カツオ、ウナギ、ヒラメ、ブリ、鶏肉、牛肉、豚肉などもプロテイン・スコア一〇〇である。

しかし、大豆がいくら優秀な高たんぱく質食品といっても、毎日食べるとなると飽きてしまう。そこで、日本人はたくさんの大豆加工品を開発してきた。

煮豆、きな粉からはじまって、味噌、納豆、豆腐、油揚げ、凍り豆腐など。今でも和食店で食事をすると、このうちの何種類もの大豆製品をとることになるはずで、このユニークな食文化が、日本人を世界有数の長寿民族にする上で大きく貢献している。

そもそもの出発点は、仏教の慈悲の心が生んだ食文化だったのである。

牛肉の三倍近くものたんぱく質を含む伝統食

「凍《しみ》」という食品の加工法がある。冬場の寒風にさらして凍らせると、単に水分が抜けるだけでなく、持ち味がぐんと濃縮されて「うま味」も増す。これが「凍」だ。

保存性が高くなるのは言うまでもない。凍豆腐《しみ》（凍り豆腐とも呼ぶ）をはじめ、凍餅、凍コンニャク、凍大根などで、いずれも和食を構成する風土性の豊かな食材である。

豆腐はほとんどが水で、その含有量は八七パーセント（木綿豆腐）。この水分を厳寒期の北風にさらして凍結乾燥させ、味とたんぱく質を濃縮したのが凍り豆腐である。関西では高野豆腐と言う。

高たんぱく食品で、一〇〇グラム中に四九グラムも含まれている。同じ大豆加工食品の干し湯葉のたんぱく質は五三グラムだから、大豆系では二番目に多い。カツオ節は一〇〇グラム中に七七グラムも含まれている。ちなみに、牛肉のたんぱく質は平均すると一八グラム。この中でも高たんぱく食材として利用度の高いのが凍り豆腐。昔から祝いごとの煮しめ料理には欠かせないし、行事のある日のご馳走にもよく用いられてきた。味がよくしみて、まるで肉のように美味になるだけでなく、肉を食べなくてもたんぱく質が余るほど摂れて、滋養になったからである。

まさに、凍り豆腐は畑の肉だったのである。それだけではない。カルシウムも多い。一〇〇グラム中に六六〇ミリグラムも含まれている。「和食」には多面的な効果があるが、そのひとつがカルシウムの供給がスムーズにいくという点だ。

日本人のカルシウム摂取量は慢性的に不足している。これだけフードの氾濫の中で飽食しているのに、今もってカルシウムが必要な量だけ摂取されていない。大人の一日の必要量は六〇〇ミリグラムだが、実際にとっているのは五四〇ミリグラム前後。

昔から中高年の上手な世渡り法として、「怒るな、転ぶな、風邪ひくな」と言われてきた。心と体の健康を保つための秘訣である。カッとしたり、赤くなって怒ったりすると、心臓によくない。頭の血管が切れて脳溢血になる危険性だってある。怒りは、まわりを不快にする。

だから、怒りたくなったらその前に凍り豆腐を食べる。そうすると心が和んできて、怒りから一転して、自然にニコニコ顔になれるはずだ。簡単に入手できる食品なので、ぜひコンスタントに食べていただきたい。

カルシウムは、骨や歯の材料になるだけでなく、平和でゆとりのある心の形成という、物心両面に欠かせない。カルシウムは「食べるトランキライザー（精神安定剤）」とも呼ばれるように、イライラを防いだり、ストレスに強くなるためにも重要な役目を果たしているミネラルなのだ。

中高年の場合、寝たきりの原因として、脳卒中の次に多いのが転倒による骨折。カルシウム不足によって骨がもろくなっているせいで、骨を丈夫にするためにも凍り豆腐は理想食と言っていい。世界のトップを走る、わが老人大国の骨を強くするお守りが凍り豆腐なのである。

ホテルで食べる朝食、豆腐の力

和食の場合、ご飯に味噌汁は付き物である。

とくに朝食にはワカメの入った豆腐汁が多い。家庭でもホテルでもよく出る。ホテルの朝食ではほぼ定番で、豆腐汁をきらいな人は少ないし、万人向きだから定番になっているのだろう。

豆腐汁が、庶民にも日常的に食べられるようになるのは、江戸時代になってからだが、江戸後期の心学者である柴田鳩翁《しばたきゅうおう》の道話にある次の作品が、当時の世相を示している。

ホトトギス　自由自在に聞く里は
　酒屋に三里　豆腐屋に二里

ホトトギスの鳴き声を、自由自在に聞くことのできる辺鄙《へんぴ》な土地へ行っても、酒屋より近くに豆腐屋があったのである。

江戸時代になると生活にゆとりが出てきて、栄養状態がよくなるが、その背景のひとつが大豆加工食品の普及で、豆腐であり納豆だった。農家の場合、味噌は自家による手作りの場合が多い。

朝の豆腐汁を好んだのが江戸っ子である。江戸の町は体が元手の職人が多く、朝から忙しい。しかも江戸は超過密社会であり、イライラしたり、怒っていては人づき合いもうまくいかない。

人々は朝から豆腐汁を飲み、納豆など大豆製品を食べた。豆腐の味噌汁には、混雑社会をなめらかに生きる上で役に立つ力のあることを、経験的に知っていたのだろうか。

中国の明から来日した江戸前期の隠元禅師は、インゲン豆を日本にもたらしたことで知られているが、豆腐も好み、豆腐礼賛の歌も残している。

世の中は豆で四角でやわらかで

また老若に憎まれもせず

豆腐のもつやわらかさに喩えて、円満な世渡りの仕方も教えている。

「豆腐と浮世は、やわらかでなければゆかず」ということわざもある。豆腐も浮世も、ほどよい柔軟性がなければ味わいが消えてしまう。上手に浮世を渡って行くには四角張っているだけでは駄目で、やわらかさも必要である。そのような意味では、隠元禅師の歌のように豆腐はなかなか教訓的なところがあり、やわらかさは奥が深い。

世の中を円満に渡るためにはカルシウムが欠かせない。そのカルシウムが豆腐には豊富に含まれている。

カルシウムがたっぷりの食生活を続けると、表情もなごやかになるはずだから、人混みの中で肩が触れたぐらいでは怒らない。お互いさまというゆとりが生まれる。カルシウムは海藻のワカメにもたっぷり含まれているし、ダシのカツオ節にも含まれている。

つまり、ワカメ入りの豆腐の味噌汁は、過密社会の大都会で世渡りするためには欠かせないミネラル・スープだったのである。

ビジネスマンは仕事でホテルに宿泊する場合が多いが、ぜひ、朝食に豆腐汁をしっかり食べて欲しい。きっと豆腐汁の効果で心にゆとりが生じるはずだ。

豆腐の味噌汁には、大豆系と魚系のアミノ酸も豊富に溶け出しているから、スタミナドリンク的な効果も期待できるはずである。和食の素晴らしさがここにある。

黒豆で「人生二毛作」を成功させた将軍

日本人はもっと自信を持つべきではないだろうか。「和食」を育てた民族であること、そして、和食によって世界に先駆けて長寿民族になったということに。これから、日本を追って世界中に長寿国が増えてくるだろう。和食を生んだ日本人の背中を世界中が熱く見ているはずだ。

これからは、「人生二毛作、三毛作」の時代である。

同じ耕作地で、一年のうちに作物を二回作ることが「二毛作」で、三回作れば「三毛作」となる。人生八〇年の時代である。六〇歳代で定年退職して「一毛作」。それから残りの人生を「二毛作」にするか、「三毛作」、「四毛作」にするか、そのチャレンジは健康と能力しだいだ。

日本人の人生の持ち時間は世界一長い。会社人間をやめてからの時間が二〇年以上もあるのが現実だ。老年企業家の時代である。絵画やジョギング、蕎麦打ちなど、趣味で何かを始めてもいい。日本ばかりではない、世界が「人生多毛作の時代」となるだろう。

今から一〇〇年ほど前、「人生二毛作」、「三毛作」の達人がいた。時代を一〇〇年先取りしたようなパイオニアである。

その人物こそ、江戸幕府の最後の将軍となった徳川慶喜《とくがわよしのぶ》（一八三七〜一九一三）だ。一五代将軍のポストについていたのは一年ほどだが、大変先見能力の鋭い人物で、時代の変化をいち早く感知した慶喜は、大政奉還（政権を朝廷に返上すること）を断行する。

徳川家康以来二六〇年以上も続いた幕府体制はすでに老朽化していて、時代の変化に対応する能力がないことを慶喜はだれよりもよく知っていた。将軍が幕府の解体を決断することによって、江戸の町を新政府軍の総攻撃から守ることができたのである。

慶喜は三二歳ですべての公職から去っているが、現代風に言えば、これが彼にとっての定年退職みたいなもの。日本人の平均寿命が五〇歳に満たない時代である。

江戸から駿府（静岡市）に移った慶喜は、いよいよ「人生二毛作」時代に入る。健康管理が上手だったおかげもあり、亡くなったのは七七歳の時だから、初代の家康より二歳長寿だった。将軍職から解放されたことでストレスがなくなり、それが長寿のひとつの背景になったことは否定できない。

慶喜は無類の写真好きで、自分もモデルになっているが、カメラだけでなく油絵や工芸、謡曲、狩猟、さらにはサイクリングやドライブなどに凝り、複数の側室に十男十一女をもうけ、大正二年（一九一三）にモダンな人生二毛作を心ゆくまで楽しんだあと、悠々と世を去った。実に見事な人生である。

慶喜は記憶力が極めて高く、『徳川慶喜公伝』によると、「公の記憶の明確なこと驚くばかり」とあり、五〇年前の出来事なども大体の筋は覚えていたというから素晴らしい。

ウナギの蒲焼きや豚肉料理なども好んだが、注目されるのは、父である水戸藩主徳川斉《なり》昭《あき》の教えにしたがって、水戸を離れて江戸住まいを始めてからも、一日に黒豆を一〇〇粒食べることを忘れなかったことだ。

黒豆を含めて大豆にはレシチンが多い。脳のアセチルコリンという記憶物質の原料となる成分で、記憶力の衰えや物忘れを防ぐ上でも役に立つ。その頃、江戸の町には黒豆を甘辛く煮詰めた「座禅豆」が流行していた。武士や職人など男たちの活力源となった常備菜である。

今でもスーパーの和食惣菜売場には、黒豆のふっくら煮が置いてある。人気惣菜のひとつだ。

卯の花で世直し

「おから」は言うまでもなく、豆腐を作る時に使う豆乳のしぼりかす。しかし、味はともかく中身からいったら、栄養的には豆腐に引けをとらない濃さを持っている。

原料が大豆だからしぼりかすとはいえ味がよく、安価で重宝な食材として普及した。江戸の町では、「きらず」とも呼ばれた。ユーモラスな表現を好む、江戸っ子のお気に入りの呼び名だが、物を大切にするもったいない意識が呼び名の背景にあるのは言うまでもない。

幕末の俗語辞典である『俚言集覧』は次のように説明している。「きらずハ、豆腐のかすにて、切らずに調理すれハ、左ハ呼びならひて、いと風流なる名」

「きらず」は「切らず」で包丁を使う必要がない、そのまま料理することができるところから付けられた、素朴で分かりやすいネーミングである。

きらずばかりではない。

日本人の美意識が、「卯の花」や「雪花菜」という呼び名も生んだ。卯の花はウツギの花のことで、初夏に小さな白い花を房状に付ける。その白くて可憐な花に、おからの美しい白さを喩えたのである。また、「卯」はウサギを意味するところから、ウサギの白さに喩えたという説もある。

「雪花菜」は「白雪」に喩えたもので、日本人らしい感性で表現されている。この呼び名はすでに元禄時代（一六八八～一七〇四）には使われていて、当時の『本朝食鑑』に出ている。

包丁もいらず其まま切らず汁

江戸の川柳で、汁物やあら物、いため物、きらずを炊きこんだ混ぜご飯などが作られていた。きらず汁は酔い覚ましによく効くと言われ、二日酔いの時などにもよく用いられている。

うやまってから汁を喰ふ飲んだ朝

二日酔いで苦しんでいる亭主が、奥方を伏し拝んで、から汁（きらず汁のこと）を作ってくれと泣きついている。きらずにはたんぱく質やビタミンなどが豊富だから、体力回復に効果があったのである。

きらず汁、あるいは卯の花汁の作り方は簡単。豚の三枚肉少々、ゴボウ、ネギなどを用いてダシ汁で煮込み、そこへ熱湯を通して水気をしぼった卯の花を入れ、味噌味に仕立てて出来上がり。熱々を飲むと、確かに、二日酔いの回復汁としては川柳が言っているように効果が期待できるし、なにより美味だ。

卯の花炒《い》りも人気があった。卯の花を油で炒め、ダシ汁でさっと煮て、味付けした人参、シイタケなどの細切りを混ぜて仕上げる。食物繊維たっぷりのヘルシーな逸品だ。小粋な女将が一人で切り盛りするような飲み屋のつき出しによく出てくる。

おから一〇〇グラム中の主な栄養成分を見ると、次のように豊富なのだ（『五訂食品成分表』より）。

たんぱく質…………六・一グラム

脂質……………………三・六グラム
炭水化物………………一三・八グラム
カリウム………………三五〇ミリグラム
鉄…………………………一・三ミリグラム
ビタミンE………………〇・七ミリグラム
ビタミンB_1………………〇・一一ミリグラム
ビタミンB_2………………〇・〇三ミリグラム
食物繊維………………一一・五グラム

豆腐系加工食品の中で、食物繊維のもっとも多いのが卯の花。つまりおから。昔の日本人の体型がスリムで、行動が身軽だったのは、卯の花のような食物繊維の豊富な料理を日常的に食べていたためで、消化器の中の通りがよかったからである。

たんぱく質の含有量を見ても、本体の豆腐とくらべ遜色がない。

第八章

日本人の微笑も育てた「ダシの味」

日本が誇る食文化＝UMAMI（うま味）

外国人観光客が日本を訪れる動機でもっとも多いのは、「日本の食事」で約六〇パーセントだそうである（日本政府観光局）。これは二〇〇九年の調査で、それまでのトップはショッピング。人気のある和食は一位が鮨。二位がラーメン、そして三位が刺身となっていて、この順位はテレビ局などで実施したアンケートなどでも同じである。

とくに、お客の目の前で、わずか数秒で仕上げてしまうマジックのような握り鮨は、まさにクールジャパンである。世界中で、和食がにぎやかな話題になっているのもよく分かる。最近ではラーメンやカレーライス、おでんも人気を呼んでいる。どこが違うのだろう。これらにも和食の方法が生きていた。ダシの取り方に日本独特の方法があり、昆布やカツオ節などのダシも使用されているから、うま味が濃く、奥が深い感じを与えている。

最近では「UMAMI（うま味）」「DASHI（ダシ）」という言葉もアメリカやヨーロッパの料理界では通じるようになっている。油脂をあまり用いず、昆布やカツオ節などでうま味をかもし出す料理が健康にもよいとして人気を呼んでいるそうだ。

持ち味優先の和食はエネルギー効率が極めてよい。例えば、刺身である。熱を加えないで、そのまま生食するのだから消費エネルギーはゼロである。肉を食べようとすれば、牛にしろ豚にしろ、穀物を飼料として与えなければならない。一キロの肉を得るためには、一〇キロ近い穀物が飼料として消費されることを考えると、肉食は資源効率がかなり悪いことが分かる。

和食の基本は米にしろ、小豆、大豆にしろ、ダイレクトに食べる文化である。日本は島国であり、山国だから平坦な地が少なく牧畜には向かなかったが、その代わり大陸棚が発達して、海洋資源が豊富だった。苦労して牛を太らせなくても、美味で、健康や長寿に役立つ魚がたくさんとれたのである。それらの魚が刺身になり、鮨やカツオ節の材料となった。

カツオ節と日本人の独創力

世界一固い食べ物が日本にある。

固いけれど味は極めてよい。削って食べてもらうと、外国人はまるでビーフジャーキーの味だと言って目を丸くする。

古代から保存食となり、酒の肴、飯の菜、そしてダシの材料になってきた。凝り性の日本人はもっと美味な味が出るはずだと手を加え、技術を開発し、ついにここまで固くしてしまった。和食のダシ、カツオ節である。

よく仕上がったカツオ節を両手に取って叩くと、カーン、カーンとまるで拍子木を叩くような音が響く。澄んだ音だ。よく枯れた上等の本枯節になると、その重さが生のカツオの五分の一になる。煮たり、干したり、いぶしたり、カビ付けしたりして、水分を徹底的に排除するため木片のように固くなる。このためうま味が濃縮されて、味わい芳醇なカツオ節になるのだ。

うま味のもとはイノシン酸を主とした三〇種類にも及ぶアミノ酸などで、欧米諸国の油脂系の濃厚な味に対して、さっぱりした天然発酵の味。この味が昆布とともに、海外ではカレーにもラーメン、うどん、おでんにも使われ「和の味」の人気を高めている。

和食に登場する料理には独特のうま味成分が含まれていて、それが「ダシ」の味。和食の四大ダシというと、カツオ節に昆布、煮干し、干しシイタケであるが、それぞれ独特のうま味を出すと同時に、頭脳と肉体の健康に役立つ成分の多いものばかりで、国際的にも注目されている。

日本人が古くから大切にしてきた「うま味」は他の味を引き立てると同時に、料理全体の味わいを高める役目を果たしている。

四大ダシの主要なうま味成分は、次のようなものである。

カツオ節…………イノシン酸
昆布……………グルタミン酸
煮干し…………イノシン酸
干しシイタケ……グアニル酸

これらの中で、私たちが日常的に用いていて使用量も多いのがカツオ節である。

カツオ節の七七パーセント強はたんぱく質。しかも、カツオ節に仕上げる過程で行われるカビ付けという発酵作用によって、アミノ酸に分解されていく。

そのアミノ酸はうま味のもとになるだけではなく、頭脳力の向上にも役立つイノシン酸やグルタミン酸、タウリンなどで、記憶力や独創力などを高める成分でもある。

人体が毎日コンスタントに必要とする必須アミノ酸が、すべてバランスよく含まれている点も貴重だ。ビタミンB_1やB_2、B_6、B_{12}、D、E、それにカルシウムや鉄、亜鉛、マグネシウムなども豊富に含まれている。

物忘れや記憶力の衰えを救うDHA（ドコサヘキサエン酸）や、血液サラサラで注目のEPA（エイコサペンタエン酸）も含まれていて、まるで味出し成分と栄養成分のかたまりなのだ。

これほど卓越したカツオ節を、毎日味噌汁に使って汁のうま味をいっそう引き立ててきた。味噌のうま味成分はグルタミン酸だが、カツオ節のイノシン酸と混合して用いると、味噌汁全体の総合味が何倍にもふくらみうま味が強くなる。

総合アミノ酸スープと化した味噌汁は、単に日本人の舌や心を豊かにしただけではない。日本民族の独創性と長寿力を高める上でも、大きな役割を果たしてきたのである。

昆布のうま味と健康効果

湯豆腐、ちり鍋、水炊き、寄せ鍋など、鍋を卓上に出して、材料を煮ながら食べる料理に欠かせないのが昆布のうま味。鍋の底に沈んでいる黒くて四角いその姿を見るだけで、ほっとして期待感も高まるのが鍋料理である。

昆布のうま味こそ実力派のグルタミン酸で、材料の風味を損なうことなく鍋全体のうまさを増す。他にもアスパラギン酸なども加わり、独特の深い味わいをかもし出している。

赤ちゃんを育てる母乳には、たんぱく質や脂肪、乳糖、それにカルシウムやナトリウムなどのミネラル、さらにはビタミンAやEなどが含まれているが、九〇パーセント近くは水分。母乳にはうま味成分であるグルタミン酸が多い。

人間が生まれて初めて出会う母乳の味には、うま味や甘味の成分が多く含まれている。味覚が未発達の乳幼児でも、うま味、甘味、塩味はうまいと感じることができるそうである。これは、生命の持続にとっては重要である。

甘味は生きるためのエネルギー源となる糖の味であり、うま味は体を形成するたんぱく質として大切なアミノ酸の味、そして、塩味は生命維持に重要なミネラルのナトリウムなのだ。

この三味に、酸味、苦味を加えた五源味が味の基本になっている。この中でも、うま味成分のグルタミン酸（昆布の味）、イノシン酸（カツオ節の味）、グアニル酸（干しシイタケの味）は、いずれも日本人が発見したために「ＵＭＡＭＩ」として国際的に使用されていて、世界各国の料理にもよい影響を与えている。

和食には昆布以外にも、グルタミン酸の豊富な食材が少なくない。納豆、凍り豆腐、湯葉、小豆、ゴマ、蕎麦、しらす干し、サケ、カツオ、カツオ節、マグロ、タコ、イカ、鶏肉、豚肉、牛肉、ニンニク、味噌、醤油などで、つまり和食はうまいのだ。

ダシの食材は、他のダシ食材と合わせることによってさらにうま味が増す。例えば、干しシイタケと昆布を合わせてダシをとると、そのうま味は、何倍にもなることが研究によって判明している。

昆布とカツオ節の場合も、そのおいしさは七倍前後になるそうである。このような合わせダシは昔から行われており、その知恵には驚かされる。

鶏肉の水炊きでも昆布は重要な役割を果たしている。鶏肉のうま味成分はイノシン酸で、グルタミン酸との味の相性が極めてよい。水炊きに昆布を用いると、鶏肉自体のうま味が飛躍的に増えるのだ。

昆布でダシをとる方法は古くから行われ、例えば江戸時代初期の『料理物語』という、料理の専門書としてはもっとも古い書物の中に、昆布の用法として次のようにある。「汁、煮物、煮和え（煮しめ）、むし漬（味噌漬け）、だし、油揚げ、その他いろいろに用いる」

現在とほとんど変わらない使用法で、昆布を使うことによって全体のうま味を増幅したのだ。

お正月や祝いごとの料理に必ず昆布料理が出されるのは、「よろこぶ」に通じる縁起のよさがあるが、「養老昆布」とも言うように、もっともっと長生きして下さい、という願いが込められてもいる。

昆布の中で注目されているのが、フコイダンという表皮近くに存在するぬめりの成分だ。潮が引いて太陽の光が当たっても耐えられるのは、フコイダンが水分を保持する働きをしているからで、言ってみれば天然のうるおいの成分で、これが人間の健康にも役に立つ。活性酸素による酸化から細胞をガードする抗酸化作用や、免疫を強化したり、血管中に発生しやすい血栓を防ぐなどの働きもある。フコイダンには、胃潰瘍の原因となるピロリ菌を減らす効用も期待されている。

干しシイタケのうま味成分

日本は海の国であると同時に、山の国でもある。山すそが海岸近くまで迫っているのが日本の風土で、山が近いということは、山の恩恵が多いということであり、身近にそれらを利用することができるということでもある。

里山の春夏秋冬の恵みもあり、村人にとって里山は巨大な畑であった。

里山は山菜やキノコ、木の実などがもたらされる天然の畑なのだ。山菜やキノコなしでは和食文化が成立しないほど、山の生産物は貴重である。食料としてだけでなく、病気を防いだり治したりする薬効成分なども豊富なことを、里の人たちは経験を通して知っていた。

夏になると高温多湿の風土が山に樹木を繁茂させ、空をさえぎるほど枝葉を茂らせる。これらの葉や下草は、秋から冬にかけていっせいに枯れ、落葉し、大地に戻って土の養分となり、有機肥料という大地の糧になって、春には山菜の豊かな収穫をもたらす。

秋になると、ぬくもりのある腐葉土は春の山菜に負けないほど、多彩なキノコを生み出すエネルギー源となった。秋山の楽しみはキノコ狩り。マツタケをはじめ、シメジ、シイタケ、マイタケ、ナメコなど種類も多く、山歩きしながら発見するよろこびがある。昔は赤松の根のまわりに、白っぽいマツタケがたくさん発生していたものである。

キノコは健康のためになる特殊な成分に加えて、味がよく、干して保存しダシにも使うなど、昔から珍重されてきた。とくに味がよく出たのがシイタケ。ナラやクヌギ、シイ、カシなどの枯れ木に発生するが、最近は人工栽培が普及し、年中出回って親しまれている。

和食の四大ダシは前述のようにカツオ節、昆布、煮干し、干しシイタケ。ダシは汁物や煮物の味の土台になるだけでなく、料理の仕上がりの味を決定する重要な役割も果たしている。干しシイタケのうま味成分の中心はグアニル酸だが、グルタミン酸も含まれている。生シイタケの香りやうま味はそれほど強くないが、干しシイタケにすると格段に強くなる。

コンニャクや大根などの野菜と干しシイタケを一緒に煮ると、グアニル酸がしみ込んで仕上がりがおいしくなる。干しシイタケのうま味をいっそう増幅させるためには、前述のように昆布と合わせるのが一番。干しシイタケのグアニル酸は昆布のグルタミン酸との相性が極めてよく、うま味の成分が何倍にもなるという。

つまり、干しシイタケの味をさらに生かすなら、昆布と一緒に使って、味の相乗効果を生かすのがいいということになる。

干しシイタケを戻した汁には、うま味の成分がたっぷり溶け出しているので、煮物に使うと、うま味がしみていっそうおいしくなる。干しシイタケを戻す時は、水に浸けて一晩冷蔵庫に入れておくと最高のダシが出るはずだ。

シイタケは味がよいだけではなく、健康維持に役立つ成分も豊富である。そのひとつがエルゴステリンで、日光の紫外線に当たるとビタミンDに変化する。カルシウムの吸収を助け、骨に沈着するのを促す働きがある。骨を丈夫にして、イライラを防ぐためにも、生シイタケを食べる前にカサの裏側を一時間ほど太陽に当てると、ビタミンDが増える。

人間の免疫システムを活性化して、ガンを予防する作用の高いレンチナンという成分も含まれている。レンチナンは風邪などの感染症にかかりにくくする効果も期待されている。また、シイタケ中の豊富な食物繊維にはコレステロールを体外に排出して、血圧を安定させる働きもあるという。

日本人の微笑《ジャパニーズ・スマイル》を育てたダシの味

幕末から明治にかけて来日し、各地を旅した外国人の多くが、日本人の礼儀正しさや親切さに感心している。外国の旅行者を迎える庶民の愛想のよさと、陽気さに驚いているのだ。あるフランスの青年は、「オハイオ」と明るく挨拶されて感動している。

米作りを中心に働き、自然の推移と共棲してきた日本人は、あるがままの自然を受け入れその状況に感謝しながら生活してきた。

水田は秋になれば新米がとれた。

米が凶作になっても畑作物がある。畑が不作になれば、山も土手も川も海もあった。自然全部が不足になることはまずなかった。最悪の場合でも、藩が米蔵を開いて窮民を救ったり、年貢を減らして人々を救済した。

戦国時代、もっとも出世したのは豊臣秀吉（一五三六〜一五九八）だろう。なにしろ、百姓から身を起こし一代で天下を手中にしたのだ。伊達政宗（一五六七〜一六三六）、徳川家康（一五四二〜一六一六）も頭を下げざるをえないほど権力を握ったのが秀吉だ。

なぜ、秀吉がこれほど大出世できたのか。庶民出身で、下の立場の人間の気持ちを知り抜いていたからだ。秀吉はいつも陽気でニコニコしていた。主君の織田信長に怒鳴られても笑顔でやり過ごすような所があり、その明るさは天性なのだ。

秀吉を慕って人が集まり家臣も増えた。合戦になっても敵を殺傷しないで降伏させる戦法を優先させたため、敵にも好感を持たれている。明治の日本人はホスピタリティ（親切なもてなし）に優れ、明るくよく笑った。秀吉のキャラクターも同様である。

彼らの明るさを食品の面から見てみよう。

まず分かることは、カルシウムやアミノ酸の多い食事の仕方が大らかなプラス思考を生み出していたということ。村人たちの常備菜はイワシや煮干しなどの小魚類が多いが、カツオ節もよく味噌汁に用いている。秀吉は子どもの頃からドジョウ取りが好きで、よく食べ、カツオ節は兵糧として用いていた。

なにしろ、イワシ類は干して米作りの肥料にするほど大量に水揚げされ、今でもお正月にはイワシの子を「田作り」と呼んで、祝い魚にしているほどだ。

イワシや田作りはカルシウムの宝庫。カルシウムはストレスの解消に役立ち、イライラを防ぐ。人を陽気にする。カツオ節には、トリプトファンという必須アミノ酸が豊富に含まれている。脳内物質のセロトニンの材料で、セロトニンは笑いとか心地よさ、楽しさを増幅してストレスの予防にも役に立つ。

つまり、セロトニンが増えると多幸感で満たされ、不満や不幸感が少なくなっていく。セロトニンの働きを活発にする方法のひとつが、必須アミノ酸のトリプトファンを補給することと言われている。

トリプトファンは味噌や納豆など大豆製品にも多く、味噌汁にダシとしてカツオ節や煮干しを使用すれば、このアミノ酸の含有量も増える。トリプトファンはブドウ糖やビタミンB_6などと一緒にとると、より効果的なことが分かっていて、炭水化物（消化されてブドウ糖になる）の多いご飯がその役目を果たす。

つまり、ご飯と味噌汁という和食の組み合わせの、もうひとつのプラス効果である。ビタミンB_6はカツオ節や煮干し、それにホウレンソウなどの野菜に含まれている。なお、カツオ節一〇〇グラム中にはトリプトファンが一〇〇〇ミリグラムもあり、食べ物の中でトップクラスである。

土地には土地のグルタミン酸

日本料理の味はダシが決め手である。

吸い物や煮物、鍋料理にしても、ダシの使い方ひとつで味はずいぶん変わってくる。カツオ節と並ぶダシの代表が昆布。うま味成分の中にはグルタミン酸のおだやかな風味が溶け込んでいて、材料の持ち味を引き立ててくれる。

「うま味」の研究では日本が世界をリードしてきた。明治時代の末に東大の池田《いけだ》菊苗《きくなえ》教授が、昆布のうま味成分がグルタミン酸であることを世界で初めて発見した。池田教授は湯豆腐が大好きで、ダシに用いる昆布から溶け出すおいしさに目をつけたのが、そもそもの始まりだったと伝えられている。

このグルタミン酸が、やがて世界中の舌を魅了する和食文化の中心的なうま味になっていく。その後、日本人の研究者によってカツオ節のうま味であるイノシン酸や、干しシイタケのグアニル酸などが発見された。動物性でも植物性でも、煮出し汁をとることを「引く」と言うが、材料からうま味成分を引き出すという意味である。

すまし汁をひと口すすれば、その料理人の腕前の見当がつくと言われるほど重要なのがダシ。確かに、日本料理はダシによって支えられている料理で、その歴史は古く、奈良時代すでに「堅魚煎汁（かつおいろり）」という調味料が用いられている。煮て干したカツオの煮出し汁で、液体調味料である。

昆布やイワシなど小魚類の煮干し、干しキノコも古くから味出しとして用いられている。これらダシの文化は和食独特のもので、肉料理や油脂料理のほとんどなかった日本の場合、どうしても植物系の食材が多く、調味料によって料理にうま味を加える必要があった。

歴史的に見た場合、日本人のふだんの生活で一番よく食べられていたのは、野菜の煮付けと具だくさんの味噌汁である。材料はほとんどが植物性で、カツオ節や煮干しなどでうま味と栄養を加わるようになったのである。

世界で認識されている味は、塩味、甘味、酸味、苦味の四つの基本味である。ところが、最近、海外でも味の研究が進んで、「うま味」も人間の共通味であることが判明し、五番目の味となった。ただ、外国にはうま味に合う言葉がないため、日本語の「UMAMI」(うま味)がそのまま使われている。「うま味」が世界に認識されることによって、和食の国際的な関心がさらに高くなるだろう。

日本人がふだん使用しているダシは次のように多彩だが、すべてにグルタミン酸が含まれている。日本人はグルタミン酸系のうま味が大好きであり、和食を支える不動の味になっている。

昆布(グルタミン酸、マンニットなどが中心の味)。カツオ節(イノシン酸、グルタミン酸などが中心の味)。干しシイタケ(グアニル酸、グルタミン酸などが中心の味)。サバ節(イノシン酸やグルタミン酸などが中心の味)。煮干し(イノシン酸やグルタミン酸などが中心の味)。干し貝(グルタミン酸やコハク酸などが中心の味)。カンピョウ(グルタミン酸などが中心の味)。しょっつる(秋田地方で鍋物などに用いられる魚からとった調味液で、グルタミン酸などが中心の味)。

土地によってダシの材料は異なるが、すべてにグルタミン酸が豊富で、味噌汁などを通して毎日のようにとってきた「うま味」である。

郷愁の「昭和のダシ」

昭和という激動の時代が終わって早くも二五年。

昭和の初期は、大正の末から人気になっていた漫画の「のんきな父さん」の首振り人形が流行するなど、実にのんびりしていた。

しかし平和な時代もつかの間で、昭和一六年(一九四一)には太平洋戦争となり、その四年後には日本の歴史始まって以来の大敗戦。日本人総腹ペコの時代となり、飢えてフラフラになりながら何とか生きていた。

口にできるのは水ばかりの雑炊やすいとん。塩汁に小麦粉やくず米粉のダンゴがプカプカと浮かんでいる。

そんな時代でも、煮干しなど小魚類のダシを用いていた。とくに多かったのは淡水魚のダシ。水田わきの用水路では小ブナがたくさん捕れたし、清流に出るとアユやウグイ、カジカが面白いほど捕れ、それらは焼き干しにされて「ダシ」に使用された。

魚介類は焼いたり煮たりして干すと、たんぱく質が分解されてアミノ酸になるから必ずうま味を増す。

平安時代の記録にも、「火乾年魚《ひぼしのあゆ》、煮干年魚《にぼしのあゆ》」とあるので、かなり古くから用いられたダシである。小ブナやカジカの焼き干しで味をつけると、雑炊も大根の煮物もうまかった。そのままの形で入っている小魚類も食べていたのは言うまでもない。

これらは言ってみれば「昭和のダシ」であり、やがて復興と成長をなしとげることになる、民族の骨を強く丈夫にする「食べるダシ」でもあった。

敗戦の混乱もおさまり食生活も正常化。丸いちゃぶ台を親子で囲み、希望を話し合いながら、笑いにあふれる食事をする時代がやって来る。高度成長前の庶民の暮らしぶりを描いて話題となった映画『ALWAYS 三丁目の夕日』の時代。白米ご飯を、好きなだけ食べることができる幸せな時代になっていた。

戦後の日本人が米をもっとも食べたのは昭和三七年（一九六二）で、一人一年間に一一八キロ。米俵にして二俵で、現在の消費量の二倍になる。

ご飯の隣には、具だくさんの味噌汁があり、おかずはイモや大根、人参、昆布などの煮物。甘めに煮しめたおかずの定番で、「煮菓子」とも呼ばれ、お茶請けにされるほど実によく食べたのがこの根菜料理。まだまだ「昭和のダシ」は人気があり、イノシン酸のこってりした味が美味であった。

煮物には小魚類の煮干しが用いられ、味噌汁にはカツオ節。こちらは豆腐料理や野菜、山菜などのおひたしにも不可欠である。ちょっと変わった使用法にカツオ節のお茶漬けがあった。カツオ節をご飯にたっぷりのせ、醤油をたらして熱湯をかけるというもので、昭和流である。

煮干し、カツオ節のうま味成分はアミノ酸系で、味をよくするだけでなく、骨を丈夫にしたり記憶力の衰えを防ぐ働きをする成分も含まれている。手の込んだ料理を作る時には昆布ダシも使っていて、そうするとグルタミン酸特有の濃いうま味が加わっていく。

やがて昭和六四年で「昭和」も終わり、平成が開幕（一九八九年）。日本中が食の洋風化によって、脂肪やスパイス、ソース、マヨネーズ、バターなどの濃い味に加え、簡便な化学調味料を多用するようになっていく。

濃い味に舌が慣れてしまうと、素材の持ち味を第一に優先させるという和食文化の素晴らしさが、味覚の中から遠ざかってしまう。

脂肪の多い濃厚な料理が健康によくないのは言うまでもない。肥満を増やし、心臓病やガンの原因になってしまう危険があるからだ。

昭和に郷愁を感じる人が増えているという。懐かしいのは昭和の人情ややさしさ、笑いだけではない。焼肉などこってりした料理以前の、淡味なのに美味な「だしの味」に郷愁を持つ人が、中高年の増加とともに確実に多くなっているのだ。

第九章

定番和食のセレクト・テン

①ご飯

私たちは先祖の体質を受けついでいる。したがって、食べ物でも、先祖の人たちがとっていた物を中心に食べるのが自然であり、健康にもいいはずだ。

人間の生命維持にとって欠かせない食べ物の中心が、「主食」であるのは言うまでもない。副食物は基本的に、主食に不足する栄養成分を補給するためのものである。先祖が食べ続けてきた主食。日本の場合はそれが米の飯である。米が日本人の体質にもっとも合っているから、三〇〇〇年前の稲作開始から現在まで主食として続いてきた。

日本人は体が必要とするエネルギーのうち、米の炭水化物からほぼ六〇パーセントをとってきた民族である。残りのたんぱく質や脂肪その他、体が必要とする成分はこれらを含む食べ物からとってきた。それを献立にすると「一汁三菜」となり、国際的にも注目される食文化を形成してきた。

世界的に健康を意識して食べる時代になっているが、そのような時代の趨勢《すうせい》を反映し、欧米人の間では必要なエネルギーの半分以上を穀物からとろう、という食事法が話題になっている。

日本人の食事は先進国の中では炭水化物の比率が高く、脂肪が少ないという理想的なパターンである。和食の膳では必ず手前にご飯を置き、ご飯を中心に味噌汁、おかずというように食べ進める。

おかずの中に、ちょっと塩味の利いた物や脂っこい料理があったような場合には、ご飯を多めに食べて中和する。ご飯は三〇〇〇年食べ続けてきても飽きのこない主食であり、栄養バランスの要の役目も果たしてきた。

同じ炭水化物食品でも、パンやうどん、パスタなどは粉食であるのに対して、ご飯は粒食である。粉食よりもご飯のような粒食の方が消化に時間がかかる。

つまり、腹持ちがよいのだ。血糖値の上昇がおだやかで、血糖値の下がり方もゆるやかになるという利点がある。血糖値が急に下がると空腹感が強くなり、イライラしたり不機嫌になりやすい。

米食は粒だから、粉食にくらべて噛む回数も自然に増える。唾液もスムーズに出るから、唾液中の消化酵素も増加し、噛み続けることによって脳の血流もよくなる。ほぼ同じエネルギー量の米飯とファストフードを比較したところ、噛む回数がファストフードはご飯の半分だったそうである。

生活習慣病の予防に食物繊維の効果が注目されているが、このところ脚光を浴びているのが、同じような機能を持つ「レジスタントスターチ（難消化デンプン質）」と呼ばれる消化されにくいデンプンだ。その含有量の多いチャンピオンが、粒のまま食べるご飯なのである。

消化されにくいデンプン質は、食物繊維と同じように便秘や肥満、動脈硬化、大腸ガンなどの予防に効果的に働くそうだ。飽食の時代、食物繊維が体の掃除役として見直されているように、レジスタントスターチの出番が来たのである。

ご飯の右隣に、いつも寄り添っている味噌汁に豆腐やワカメをたっぷり用い、さらには納豆や糠漬けにした人参やナスなどを一緒に食べれば、その効果がいっそう高くなるのは言うまでもない。

②味噌汁

日本が世界でもトップクラスの長寿国になった最大の決め手が、私たちの食習慣にあるのは間違いない。

外国の研究者が指摘するように、和食には長寿の秘訣がたくさん隠されている。和食文化が、現在ユネスコで食の無形文化遺産として登録を申請しているのも、そのような国際的関心の高まりが背景になっている。

主食は炭水化物を主成分とする米と決まっていて、主菜、副菜、副々菜が季節と連動しながら、次々と変化していく。和食の食膳には季節感が溢れている。料理を作っている当人が意識しなくても、季節の食材がのっているのが和食の食膳なのである。

そして、大豆の多角的な活用。大豆の三分の一以上はたんぱく質であり、これを上手に利用すれば、コレステロールや脂肪の多い肉をあまり食べなくても健康を維持することが

できる。それどころか、大豆たんぱく質を中心にする主成分には、腸内で肉のコレステロールが吸収されるのを防ぐ働きさえある。

すき焼きに豆腐を入れるのも味がしみて美味になるからだけでなく、結果的には、牛肉の脂肪系が体内に取り込まれるのを防ぐ作用をしていて、日本人の知恵と言っていい。ヘルシーな主食のご飯。そのご飯にピッタリと寄り添っているのが味噌汁。

大豆を麹菌で発酵させた、調味料の味噌で作った日本独特のスープである。大豆に含まれる三五パーセントのたんぱく質は、発酵によってほとんどアミノ酸に分解されており、味噌汁は体の健康を高める上で期待できるアミノ酸スープなのだ。

味噌のアミノ酸の中でも、とくに注目されるのがグルタミン酸とトリプトファン。グルタミン酸はご存じのように、化学調味料の原料にもなっているほどのうま味成分。味噌汁のうまさのもとになっている。

同時に脳の機能を高め、記憶と関係の深い働きをしているのもグルタミン酸。脳の老化防止に、味噌汁はそれなりに役に立っている。

重要なのはトリプトファンで、食べ物からとる必須アミノ酸である。「幸せホルモン」と呼ばれる脳内物質のセロトニンの原料でもある。多幸感をもたらすのがセロトニンで、感情を安定させ落ちこんだ心を励ますと同時に、心をおだやかにする神経伝達物質だ。

ダシのよく利いた湯気の立つおいしい味噌汁をとると、何となく幸せな気分で心が満たされるのも、トリプトファン効果かもしれない。ダシに使われるカツオ節には、和食食材の中でもトップクラスのトリプトファンが含まれている。

味噌汁は日本人にとって「幸せのスープ」なのである。

味噌汁作りの上手なお年寄りは、よく「具を三種以上使うと味噌汁がうまくなる」と言い、胸を張ってニッコリする。材料によっては、うま味をもたらすアミノ酸が増えるためで、前述のように味噌汁作りのコツを「実の三種は身の薬」とも言った。

野菜、海藻、豆腐、油揚げ、魚の切り身、だし、時には豚肉など、昔は具たくさんの味噌汁が多かったから、幸せホルモンの原料だけでなく、他のアミノ酸やビタミン、ミネラル、食物繊維などもたくさんとれ、極めて健康効果の高い味噌汁になったのである。

③ぬか漬け

日本列島はどこへ行っても「カビ産《む》す国」である。湿度が高く、比較的温暖だからいろんな菌が発生しやすい。人間にとって役に立ついい菌もあれば、悪い菌もある。日本人は古くから天然発生の菌をさまざまな手段でコントロールし、役に立つ菌だけを手なずけて、多彩な発酵食品を作ってきた。

味噌、納豆、醤油、酒、なれ鮨、そして漬物。毎日の食事ごとに納豆をネバネバとかき混ぜ、刺身を醤油で食べ、味噌汁を「ああおいしい、日本人に生まれて何て幸せなんだろう」とすすり、コリコリとか、パリパリと漬物の食感と香りを楽しんできた。

漬物を香々とかお新香などと愛情をこめて呼ぶのも、香りのよさを賛美したもの。漬物は甘くてちょっと酸っぱい香りで日本人の心を捉えてきた。タクアンにはタクアンの香りがあり、味噌漬けにも特有の香りがある。ぬか漬けにももちろん、米ぬかのほわっとした甘い香りがある。

米ぬかは玄米を搗精《とうせい》して白米にする時の副産物で、種皮などぬか質の粉で貴重な胚芽などを含まれている。米ぬかにはビタミンB_1やB_2、葉酸、ビタミンEなどに加えて、カリウムやカルシウム、鉄分、亜鉛などのミネラル、脂質、たんぱく質、食物繊維などが豊富に含まれている。

最近注目されているのが米ぬか中のフェラル酸。ビタミンEを上回る抗酸化力があることが判明したためだ。とくに、脳細胞の酸化を防ぐ上で効果が期待されている。

この栄養のかたまりのような米ぬかを漬け床にして発酵させたのがぬか漬けだから、その中に漬けた材料にも、さまざまな種類の栄養がしみ込んでいる。栄養だけでなく、生きた有用菌もしっかりと繁殖している。

独特の風味は米ぬかの香りや酵母、乳酸菌、酵素などの働きによって生まれるもので、これらの菌類は消化をよくしたり整腸効果を高めてくれる。しかも、ぬか漬けは浅漬けだから、塩分の心配もそれほどない点でも優れている。

とくにぬか漬けは「米ぬかで作ったヨーグルト」とも言われるほど乳酸菌が豊富。キュウリやナス、カブ、人参などの野菜を漬けると、それらの細胞内から成分がしみ出てきて、乳酸菌の栄養となり猛烈に繁殖を始める。

したがって、ぬか漬けを食べるということは、米ぬかのビタミン類に加えて、乳酸菌などの生菌を回収して腸まで送り込むことを意味する。植物性の乳酸菌の方が環境の変化に強く、動物性の菌よりも腸まで届きやすい。有害菌をおさえて善玉菌を増やすだけではなく、免疫力を高める上でも効果的なのだ。

体内に侵入してきた悪い菌を撃退するために、日夜目を光らせているのが腸。なにしろ、免疫細胞の六〇パーセントが腸に集結していて、腸は体を守る前線基地であり、免疫細胞の重要基地のようなものである。

免疫力というのは病気を防いだり、治したりする自然治癒力のことで、ぬか漬けに多い乳酸菌などは、そのような力を強くするための腸内環境をととのえたり、改善する素晴らしいパワーを持っている。

米ぬか由来の乳酸菌は日本人の腸になじみやすく、腸の健康への働きかけも強いと言われている。和食文化が生んだぬか漬けは世界屈指の「健康長寿漬け」と言ってもいいだろう。

④梅干し

梅干しは日本人のソウル・フード（魂の食）である。戦中戦後の食糧難の時代に、「日の丸弁当」でがんばった。そして飢餓の時代を乗り切ったのである。

弁当箱にご飯をぎっしりと詰め、まん中にたった一個の赤い梅干し。九九・九パーセントは炭水化物で、酸っぱい梅干し一個がおかず。四角い弁当箱のまん中の梅干しは日の丸に見えた。

しかし、その梅干し一個の弁当を食べると腹の底から力が湧き、少々オーバーワークしても疲れを感じなかった。日の丸弁当は不思議なエネルギーを産出する弁当であった。

それにしても、梅干しほど偉大なる酸味食はない。実にあっぱれである。

色も鮮やかな赤色で、日本人好みだ。なめただけで口がすぼみ、顔中の筋肉という筋肉がギュッと縮む。思わず眼を固くつむり、目頭に深いしわを作ってしまうほどである。そ

れが梅干しの強烈な酸味で、同時にどっと唾液が出る。敏感な方だと「梅干し」と聞いただけで口の中が酸っぱくなり、唾液が湧く。

梅干しの機能を知り尽くし、実戦に活用していたのが戦国時代の武士たちであった。当時の兵法書に、よく「息合《いきあ》いの最上は梅なり」と出てくる。「息合い」というのは呼吸を整えることで、激しい合戦や強行軍のあとの息切れを癒し、疲労を回復させるために欠かせなかったのである。

酸味のもとはクエン酸やリンゴ酸などの有機酸で、昔から梅干しの酸味をなめると疲労回復に役立つことが知られていた。筋肉にたまる疲労物質の乳酸を分解して、疲労のもとを取り除く働きがあるためだ。疲れた時には一粒の梅干しが何より大きな疲労回復剤となったのである。

ところで、「朝茶に梅干し」という言葉がある。

古くからのおばあちゃんの知恵だ。今でも、元気で長生きしている方の中には、この習慣をしっかり身に付けている方が少なくない。

朝ごはんには、梅干しもお茶も欠かせない大切なものだという意味。梅干しを軽く焼いて身をほぐし、お茶椀に入れ、熱々のほうじ茶や煎茶などをゆっくりと注ぎ、フーフー吹きさましながら両手で持ち、ひと口、ふた口と楽しむ。すると生命の力が湧いて体中に広がり、「今日も一日人生を楽しむわよ〜」と気合いが入る。

それからニコニコと、幸せホルモンのセロトニンが脳に満たされるようないい表情で朝ご飯が始まる。炊き立ての、ほかほかのご飯の甘味を梅干しの酸味が引き立てる。梅干しを焼くとムメフラールという、血栓を防いだり、毛細血管の血行をよくする成分が日本の研究者によって発見されている。しかも、梅干しを漬ける時に使うシソの葉の赤い色素成分は抗酸化成分のポリフェノールで、老化防止に役に立つ。いわゆる〝血液のドロドロ状態〟を防ぐ働きに寄与しているのが梅干しなのだ。

朝ご飯の前に梅干しを食べることによって、唾液の量を増やして口の中をうるおし、食事をとりやすくしてくれる。唾液にはアミラーゼなどの消化酵素や、パロチンといった老化を防ぐホルモンも含まれている。さらに梅干しには、活性酸素や発ガン物質などを除去する作用をするペルオキシターゼやカタラーゼも含まれていて、梅干しの効果が注目されている。

このように見てくると、梅干しには疲労回復ばかりではなく殺菌や浄化作用、血行促進、老化防止と若返り、唾液の分泌促進といった多彩な働きのあることが理解できるだろう。

⑤刺身

信長や秀吉の時代、イエズス会の宣教師として日本で活躍していたポルトガル人のルイス・フロイスが、本国に送った『日本覚書』の中で、「ヨーロッパの人たちは、焼いたり煮たりした魚を好むが、日本人は生で食べることを好む」と述べ、日本人の魚に対する嗜好性の相違点を指摘している。

刺身は言うまでもなく魚の生食である。

日本人の魚の生食の歴史は古く、卑弥呼でよく知られた『魏志倭人伝』に「生菜」という表現があるぐらいだから、二〇〇〇年ほどの歴史がある。「生菜」は生食するおかずという意味で、生魚、つまり現在で言う刺身と思われる。

『万葉集』になるともっとはっきりしてくる。タイの生食を詠んだ歌があって、醬と酢、それにニンニクを混ぜて作ったつけ汁で食べていた。

この頃には酢と醤《ひしお》（醤油のルーツで、現在のもろみのようなもの）を和えたつけ汁で食べていたが、室町時代になって醤油が用いられるようになり、現在とほとんど同じ刺身になった。以来、刺身は日本料理の中心に成長していく。

また、和食は素材グルメの文化である。

日本人が、なによりも美味と感じるのが素材の持ち味なのだ。つまり「生地の味」である。この食べ方は魚の場合もっとも力を発揮する。刺身である。魚の肉を食べやすく、美しく切って器に盛り付ける料理。実に単純でシンプルな食べ方である。

四方を海に囲まれ、目の前で魚がたくさんとれるのだから、新鮮な魚を容易に食膳にのせることができた。このため、鮮魚は生が最高の味という「刺身文化」が成長したのである。

脂ののった旬の魚に必要以上に手を加える必要はなかった。しっかりした技を身に付けた包丁人なら、それは基本中の基本であり、決してゴテゴテした調理などにしないものである。

したがって日本の場合、包丁人に要求される大切な能力は旬の素材を見極める眼力ということになる。言ってみれば、日本は各地に貝塚をたくさん残した縄文時代以来の「素材グルメ列島」であり、そのような環境の中で暮らしてきた日本人の味覚は自然にとぎ澄まされてきた。

新鮮な魚なら、まず刺身にするのが最高という食べ方になったのである。土地によって「お造り」とも言うように、食べやすく、包丁で作っただけの料理が刺身。

そうは言っても、魚種によっては切り方が違う。主な切り方を挙げただけでも、一般的な刺身の場合の平切り、それからぶつ切りもあれば、薄造り、そぎ造り、カツオなどに用いる銀皮造りなど多彩である。

刺身の盛り付けにはつま類やワサビ、ショウガなど添え物が欠かせない。盛り付けを美しく引き立てると同時に消化を助けたり、生臭みを消す役割も果たしていて、材料によっては大根おろしや紅葉おろしなども使われる。

今、この和食文化のシンボルとなった刺身が、世界中のグルメの舌をとりこにしている。

⑥納豆

和食の知恵には脱帽である。
大豆の高度活用に見せる冴えた知恵だ。大豆をつぶしてたんぱく質だけを取り出し、これをにがりで固めて豆腐を作った。元々は中国伝来だが、それをさらに発展させ現在の「ホワイト・ミート（白い肉）」にまで進化させた。
ネバネバの本体はうま味の成分であるポリグルタミン酸で、その糸を切れないように補強しているのがフラクタンという糖質である。納豆のうま味の中心はこのネバネバにあり、キラキラ光る糸にあったのだ。
ネバネバにはもうひとつの、ナットウキナーゼというミラクル成分が含まれていた。粘糸の中の生きた酵素で、発見者の倉敷芸術科学大学教授の須見洋行氏によれば、血管中に発生した血栓を溶かして血流を促す効用があり、その効果は薬並み。しかも、効力はほぼ一二時間も持続するという。

ただ、ナットウキナーゼは酵素だから熱に弱く、七〇度を境にその効力を失ってしまうから注意が必要だ。

納豆には骨を丈夫にする効果も期待されている。カルシウムやイソフラボンの働きもあるが、見逃せないのが、納豆に抜群に豊富なビタミンK_2の作用である。骨の形成を強化するとともに、骨からカルシウムが流出していくのを抑える効果もあるのだ。実際に納豆をふだんから多くとる地域では骨折が少ないと言われている。

納豆菌はいろいろなビタミンを作るが、ビタミンK_2も生産する。しかも、納豆には一〇〇グラム中に九〇ミリグラムのカルシウムが含まれている。両者を一緒にとれる納豆は、骨折を予防する上でも理想的な発酵食品と言っていい。

「納豆食うひと色白美人」。これは、昔から言われてきたことわざで、納豆を食べ続けると女性の肌が自然に美しくなるというのだ。納豆に多いイソフラボンは、女性ホルモンのエストロゲンと似た働きをすることから、シャキッとした姿勢を支える骨格や肌の色つやを良くする働きが期待できる。

さらに、脂肪太りを防ぐビタミンB_2や美容ビタミンと呼ばれ、ホルモンバランスの維持に役立つビタミンEも含まれている。

「酒は百薬の長、納豆は百肴の王」、これも古くから言われてきた名言。酒もほどよく飲めば疲労回復やストレスの解消に役立つので、まさに「百薬の長」。消化のよい高アミノ酸フードである納豆は、胃の中でアルコールを吸収して胃壁を保護するだけでなく、肝臓のアルコール分解能力も高めるから、酒好きの健康をガードする「百肴の王」だ。

しかも、たんぱく質や脂肪を分解する消化酵素も多い。カツオ節などをふりかけると、見事な酒の肴である。

⑦豆腐

豆腐は白くて、ふわふわしている。言ってみれば「水の食べ物」で、九〇パーセント近くが水。したがって、理想的なダイエットフードである。たんぱく質は多いのにカロリーは極端に低い。四角にもなれば丸くもなり、ザルに取れば青空にプカプカ浮かぶ雲のようでもある。

豆腐は変幻自在な〝ホワイト・フード〟である。アメリカでも、ヨーロッパでも「ホワイト・ミート（白い肉）」と呼ばれ、肥満や若さを気にする女性に人気がある。

豆腐は手に取ると崩れ落ちそうでいかにも頼りない。ところが豆腐には素晴らしい力があった。

「豆腐力」である。

豆腐の力はどこから来ているかと言うと、原料の大豆。植物でありながら〝肉〟と言ってもいいほどたんぱく質が多く、牛肉の約二倍もの含有量だ。大豆が「畑の肉」と呼ばれる理由がここにある。

まるで肉のような高たんぱく質の大豆を、消化吸収しやすい形に作り替えたのが豆腐なのだ。

赤ちゃんから一〇〇歳以上のおじいちゃん、おばあちゃんまで、誰の胃にもやさしいのが豆腐の力。なにしろ、豆腐にするとたんぱく質の吸収率は九〇パーセントを超える。つまり、豆腐のたんぱく質をはじめとする各種の栄養分のほとんどが身に付くのだ。

日本の人口は高齢者の比率が高くなり、六五歳以上の人口がとうとう二四パーセントとなった。ところが最近のシニア（中高年）はとっても元気で、活発に人生を楽しむ人たちが増えている。

消費マーケットでも主役で、個人消費全体の四四パーセントを占め、五〇パーセントを突破するのは時間の問題だろう。

今やこの国の元気を支えるのはシニアである。中年こそ体を鍛える時が来たのだ。若いと思っているとアッという間に老年だ。青年の次は中年であり、中年の次は誰でも高齢者であり、老人である。

元気な老年になるための出発点は若い時の食生活にある。旅行したり、グルメして人生を楽しむためには丈夫な足腰が必要。つまり「骨」だ。骨太の健康体を作っておかなければ、「人生九〇年時代」を走りぬくことはできない。

骨の主成分はカルシウム。豆腐にはカルシウムもたっぷりで、木綿豆腐には一〇〇グラム中に一二〇ミリグラム、凍り豆腐にいたっては六六〇ミリグラムも含まれている。カルシウムの供給源としての豆腐は、かなり卓越した食材と言っていい。カルシウムには吸収されにくいという欠点があるが、良質なたんぱく質と一緒にとると吸収率が上がることが分かっている。

たんぱく質の多い豆腐は、日本人に不足しているカルシウムの重要な補給源なのだ。一日の摂取目標量は成人で六〇〇ミリグラムだが、実際にとっているのは五四〇ミリグラムくらいで、慢性的に不足している。

カルシウムは骨や歯の材料になるだけではなく、おだやかでゆとりある人格の形成にも欠かせない。イライラを防いだり、ストレスに強くなる重要な役割を果たしているミネラルである。他にも心臓の健康を守るマグネシウムや、骨を丈夫にして若さを保つイソフラボンなども含まれている。

⑧焼き魚

和食をもっとも質素な献立にすると「一汁一菜」となる。一汁は味噌汁、一菜はおかずが一品という意味だ。実にシンプルだが、飽食の現代にはむしろ新鮮に見える。ヘルシーな感じさえするのではないだろうか。

戦国時代の武士のふだんの食事も「一汁一菜」だった。一菜はほとんどの場合が焼き魚。それも尾頭がしっかり付いたままの青魚。イワシやアジなど漁獲量の多い小魚類である。

江戸中期には、水田の肥料にするほどたくさんのイワシが近海で水揚げされ、全国各地に送られた。イワシを天日干しにしたもので、「干鰯《ほしか》」と呼ばれ、田畑の生産力を高める上で大変に役に立つ。

脂ののった大きなイワシは塩をふって丸ごと干し、食用としてこれまた全国に運び出され、おかずとして珍重された。このイワシが「一菜」の中心となり、ご飯、味噌汁、焼きイワシ一匹が「一汁一菜」の基本となったのである。

イワシ一匹といっても頭から尾までの一物全体食だから、タイの切り身などよりはるかに栄養のバランスがとれている。

丸干しの場合三分の一はたんぱく質だから、イワシは実は高たんぱく質食品。カルシウムやビタミンB類、D、Eもたっぷり。物忘れを防いだり、血管を丈夫にして血行をよくする成分。それに目の老化を防ぐタウリンまで含まれている。

ビタミンDにはカルシウムの吸収をよくする働きがあるから、武士に限らず昔の日本人は骨太で、体型は小柄だがいかにも頑丈そうだった。

「イワシの頭は鴨の味」。これは古くからのことわざだ。ほどよくあぶったイワシの頭部はカモの肉のように美味という意味で、確かに塩味になじんだイワシの頭は実にうまい。

万能の「おかず魚」に塩ザケがある。塩引きだ。焼いて弁当のおかずの定番となり、サケ茶漬けを生んだ。昔は焼くとまっ白い塩を吹くほどのサケが多かったが、最近は減塩サケがほとんどだ。だが、脂がのっていてやはりうまい。

サケは肉質が赤く、神聖でおめでたい魚と見られてきた。このため、特に関東や東北ではお歳暮の主役であり、お正月の祝い魚としても欠かせない。ほとんどの家では歳末になると、台所には塩引きがあったものだ。塩ザケは保存が利くため、いくらあっても人気の高いおかずとして喜ばれた。

サケの赤い色は抗酸化成分のアスタキサンチンで、細胞の老化を防ぐ強い作用があり、生涯現役で長生きするには心強い味方である。

日本の朝ご飯には焼いたアジの干物が定番。サンマ、サバ、シシャモなど焼いた方がおいしい魚もたくさんある。季節のサンマを焼いて、大根おろしで食べるのも日本人は大好きだ。ウナギもアナゴも焼き魚である。とくに、関西の蒸さないで焼いて仕上げるウナギの地焼きは、ほどよい嚙みごたえと強めの風味が魅力となっている蒲焼きだ。

⑨天ぷら

和食系の油料理というと、その代表は何と言っても天ぷら。本格的に作られるようになるのは江戸時代の後半になってからで、油を水のように使って香ばしく揚げる。

和食は水の文化だから、油を使うようにしても、鍋に油をたっぷり入れて熱し、材料を焼くのではなく、まるで野菜を茹でるように高温で加熱する。素材を直接油の中に入れるのではなく、水で溶いた小麦粉を衣として全身に付けてから揚げる。

衣に味はついていない。本体の材料の持ち味を強調するためだ。衣を付けたら、そのまま高温の中で一気に揚げる。

つまり、天ぷらは和風の「衣揚げ」。天種の持ち味を最高に生かすための油料理なのである。ちなみに、「天麩羅」の麩羅は小麦粉のうすい物をかけるという意味といわれている。衣と天種の水分が高温の油の中で蒸発する。天種の水分はほどよく抜けて、持ち味の

うま味が濃縮される。衣もサクサクと香ばしくなる。魚であれ、野菜、山菜であれ材料の水分を油の高温で飛ばし、うま味を引き出して食べるのが天ぷら。栄養も濃縮されているから体にもいい。野菜、山菜だったらビタミンCも大部分が残る。

山菜の天ぷらは春のご馳走だ。

フキノトウやタラノメなど、ほろ苦い野趣が魅力だが、あの苦味こそ老化を防ぐ抗酸化成分のポリフェノール。湯がいたりすると抜けてしまうものが多いが、天ぷらだとほとんどが残る。ポリフェノールは紫外線などきびしい自然環境から、山菜自身が身を守るために作った成分だが、人体にも好影響が期待できる。

人気のアナゴの天ぷらの場合でも、水っぽい身から水分をほどよく飛ばすから、持ち味の脂身が濃くなり、アミノ酸と一体化して特有の風味が出てうまくなる。なにしろ、生のアナゴの七二パーセント強は水なのだ。

カボチャも同じ。八〇パーセント前後含まれている水分が高温の油で蒸発して甘味が強くなり、ホクホク感が出てくる。黄色い色素はカロチンで、抗ガン作用のあるビタミンとして注目されているが、天ぷらのように油を使って料理すると、その健康効果がアップすることが分かっている。

皮膚や粘膜を丈夫に保ち、抵抗力をつけるためにも役に立つビタミンで、同じような食感のサツマイモにもカロチンが豊富に含まれている。食用菊やシソの葉、アスパラガスなども天種に頻繁に登場するが、いずれもカロチンやビタミンCの宝庫。

人気のあるエビの場合、頭部が別に揚げて添えてあることが多いが、これはぜひ全部食べて欲しい。独特のうま味があるのはアミノ酸が豊富なためで、甘味も強い。頭部の殻の赤い色素は抗酸化作用のアスタキサンチンで、殻には免疫力を強くするキチン質も含まれている。

天ぷらには大根おろしが付き物。油料理の消化を助ける酵素がたっぷり含まれているためだ。口中をさっぱりさせる効果もある。

⑩すき焼き

海外では和食ファンが急増中で、日本式の料理文化が脚光を浴びているが、その中のひとつが牛肉料理のすき焼きだ。

平の鉄鍋に薄切りにした霜降りの牛肉と野菜、シラタキ、それに焼き豆腐などを入れ、ちょっと甘めの醬油味で煮ながら口に運ぶ。煮加減は自分好み。

煮過ぎると肉が硬くなって味が落ちてしまうから、口に運ぶタイミングを狙うのが面白い。ビールを片手に鍋の中の肉をひっくり返したり、野菜やシラタキなどを引っぱったりしながら、肉の様子を真剣にうかがう。

霜降り肉は高価だから一刻も油断はできない。生煮えぐらいが霜降りの脂も残っていてやわらかく、とろけそうな肉のうまさの中にかすかな甘味さえあって、いつ食べても美味至高に感服してしまう。

ほどよく熱が通り、醤油味のしみた肉だけでもうまいのに、生卵をからめて口にするわけだから、とろ味感がさらにうま味を増幅させ、このように美味極まりない牛肉を食べてもいいものだろうか、という罪悪感さえ感じてしまうほどだ。

すき焼きの呼び名が起こったのは明治の文明開化のあとで、前身は江戸の町で幕末の頃に流行した肉鍋である。

江戸は出稼ぎの町だから独身の男性が多く、裏通りの長屋などに地方出身の独身者が少なくなかった。彼らを相手に始まったのが肉鍋屋で、味がよく、冬などには体もあたたまり、体力もつくところから大繁盛となった。

「およそ肉にはネギがよく調和する。一人の客にひとつの鍋を用意し、火鉢を並べて配置する。上戸《じょうご》は肉料理で酒を飲み、下戸《げこ》はそれで飯を食う」と記しているのは、江戸後期人気のあった『江戸繁昌記』という書物。

最初はイノシシやシカなどだったが、だんだん牛肉中心となり、明治に入るとほとんどが牛肉になってしまう。

野生獣に比べて、牛肉は確かにうまい。イノシシやシカに比べて脂がこってりと含まれている。脂肪ののり具合が牛肉の魅力であるが食べ過ぎはよくない。そこで、コンニャクと野菜を中和剤的に入れた。脂の取り過ぎを防ごうとする、日本人の知恵が発揮されたのである。たくさんの野菜を食べてきた日本人の経験が見事に生かされた。

牛肉にシラタキ、春菊、シイタケ、ネギ、焼き豆腐などを入れて一緒に煮込む。するとシラタキに牛肉のうま味がしみ、野菜や豆腐にも同じ現象が起こって、牛肉同様に具までうまくなってしまったのである。和食的牛肉料理の大成功であった。

野菜をたっぷり入れて、シラタキや豆腐まで野菜と一緒に食べるようになり、牛鍋は「健康長寿鍋」に変わってしまったのである。

今ではシラタキは不可欠となり、うっかり忘れて入れなかったりすると、欲求不満がつのり、「あ〜何ということだ。シラタキのないスキヤキなんて、餅の入っていないお汁粉みたいなものじゃないか」と、落胆してしまうほどの存在になっている。

コンニャクには、体内に入った余分な脂肪やコレステロールなどを吸着して体外に排出する働きもある。

あとがきにかえて――和食のフードパワー

和食の素晴らしさを一言でいうと、食材が持っているフードパワー（食物の力）をていねいに味わうことである。フードパワーは食材に蓄積されている自然の力であり、味・栄養・そして生命力だ。そのパワーがクライマックスになるのが旬で、和食ほど旬にこだわる食文化はないだろう。

日本人は刺身を好む。素材を食べやすい大きさに切り揃えただけの料理である。それだけに、食材の持ち味が重要になってくる。脂がのっていて、生食としてもっとも美味なのは、旬の時だ。したがって、刺身にするにはまず旬の見極めが大切になる。

日本には春、夏、秋、冬があって、それぞれに季節の旬がある。春は山菜、鯛であり、夏はカツオ、ウナギ、トマト、秋はサンマにキノコ、新米、冬はサケ、ブリ、大根などとなる。もちろん、一例でさらに多くの旬の素材があるのはいうまでもない。

食前に盛られた料理の色彩を見ただけで、今現在の季節の位置が分かるのが和食の真髄である。野菜や果物だったら味に加えてビタミンCも充満しているし、魚だったら脂ものっていて味が最高となり、肉づきもよい。健康効果も高い。

旬のものは、「医食同源」的な力を持って、日本人の健康と長寿に役立ってきた。まさにフードパワーの勝利である。

味つけにも卓越しているのが和食文化だ。欧米など外国の場合、料理はほとんどが、油脂の味を中心に構成されているが、和食は世界でも唯一の「ダシ」を使って料理を仕上げる。カツオ節、昆布、シイタケなどが中心で、いずれもうま味が強く、料理の食材に含まれている持ち味をおだやかに引き立てる。うま味の主体はグルタミン酸やイノシン酸などであるが、最近では欧米のシェフも料理にダシを用いる場合が増えている。美味で健康にもよいからだ。

この魅力あふれる和食が、世界無形文化遺産としてユネスコに登録申請されている。日本人の知恵が育てた和食文化が、これからの食生活を考える上で、大きく役に経つのではないだろうか。

本書の刊行にあたり朝日新書編集部の首藤由之編集長、三島恵美子氏、そしてフリーの宣田陽一郎氏にお世話になりました。心より、お礼申し上げます。

2012年12月

永山久夫

主な参考文献

『本朝食鑑』 人見必大・著 島田勇雄・訳注（平凡社）
『養生訓』 見原益軒・著 松田道雄・訳（中央公論社）
『俚言集覧』 村田了阿・編集（名著刊行会）
『江戸川柳飲食事典』 渡辺信一郎・著（東京堂出版）
『逝きし世の面影』 渡辺京二・著（平凡社）
『日本奥地紀行』 イザベラ・バード・著 金坂清則・訳注（平凡社）
『江戸めしのススメ』 永山久夫・著（メディアファクトリー）
『日本古代食事典』 永山久夫・著（東洋書林）
その他、多数の公開データを参考にさせていただきました。

編集協力／宣田陽一郎

永山久夫　ながやま・ひさお
1932年、福島県生まれ。食文化史研究家。長寿食研究所所長。西武文理大学客員教授（和食文化史）。古代から明治時代までの食事復元の第一人者。長寿の食生活を長年にわたって調査研究している。著書に『日本古代食事典』『万葉ひとの長寿食』『長寿村の100歳食』『武士のメシ』『江戸めしのススメ』『日本人は何をたべてきたのか』ほか多数。

朝日新書
381
なぜ和食《わしょく》は世界一《せかいいち》なのか

2012年12月30日第1刷発行

著　者　永山久夫

発行者　市川裕一
カバーデザイン　アンスガー・フォルマー　田嶋佳子
印刷所　凸版印刷株式会社
発行所　朝日新聞出版
〒104-8011　東京都中央区築地5-3-2
電話　03-5541-8832（編集）
　　　03-5540-7793（販売）

Published in Japan by Asahi Shimbun Publications Inc.
ISBN 978-4-02-273481-5
定価はカバーに表示してあります。

損しない投資信託
初歩から値下がり対策まで

中桐啓貴

銀行で買った投資信託が値下がりし、含み損を抱えたまま困っていませんか。リスクが高い投信は売却し、利益が出るよい投信に買い換えましょう。投資信託の基礎の基礎から長期投資を前提にした「見直し術」まで、一からやさしく指南します。

グレン・グールド
孤高のコンサート・ピアニスト

中川右介

「演奏態度は最低、演奏は最高」と評された孤高のピアニスト、グレン・グールド。なぜ彼は「コンサートは死んだ」と言い、ステージに上がらなくなったのか。生誕80年、没後30年の今、コンサート・ピアニスト時代の軌跡を追うことでその謎に迫る。

消費税、常識のウソ

森信茂樹

消費増税したら「景気が悪くなる」「企業倒産が増える」など、世間が思い込んでいる消費税をめぐる常識が実は誤りであることを、世界の付加価値税を研究している税制の第一人者が解き明かす、目からウロコの消費税論。増税後の財政事情も展望。

引き際の美学

川北義則

突然、無責任に辞める首相、「老害」といわれても居座り続ける経営者……日本人は、いつの間に往生際が悪くなったのか。できる人は去り際、散り際、別れ際も潔い。「始めるよりも終わるほうが難しい」と説く著者が引き際の美学を語る。

お盛んすぎる 江戸の男と女

永井義男

江戸時代はセックスレスとは無縁だった。15～16歳で初体験を済ませ、夫婦になったら毎晩いろいろな体位を楽しむ。密通も日常茶飯事で、女郎買いにもおおらかな社会。江戸の性生活を、素人の部と玄人の部に分けて、浮世絵も交えてしっぽり解説。

倭人伝、古事記の正体
卑弥呼と古代王権のルーツ

足立倫行

邪馬台国九州説を追跡し、古代史の大いなる謎を解く。魏によって死を迫られた卑弥呼、その墓は？　神武天皇東征は何を物語るのか？　日本のルーツを探訪する。大御所・森浩一インタビューも収録。大好評『激変！　日本古代史』第2弾。

大増税時代を生き抜く　共働きラクラク家計術

花輪陽子
是枝俊悟

消費増税等の負担増に家計はどう対応すればよいか。それには共働きライフスタイルの確立が重要なカギとなる。日本の税制では、同じ年収なら1人で1000万円稼ぐより900万円＋100万円を2人で稼ぐほうがお得。豊かな家計作りを指南。

定年後に夫婦を愉しむ
穏やかな関係のつくり方

保坂　隆

定年は夫婦関係の正念場。会社の価値観に染まった夫と、地域に根づいた妻が改めて向き合う日々を充実させるためには、双方の理解と歩み寄りが欠かせません。夫婦であることを楽しむ日々の心構えを、精神科医の著者が実践的にアドバイス。

極上ワイン100本
高級品の味わいをお家で！

奥山久美子

手頃な価格のワインのカタログ本とは違い、高級ワインがなぜ高いのかを解説しつつ3000円前後で同様の味わいが楽しめるワインを紹介。伝統国からニューワールドまで、おすすめリスト100本を掲載。ワインの基礎知識から最新トレンドまで網羅。

値段から世界が見える！
日本よりこんなに安い国、高い国

柳沢有紀夫（海外書き人クラブ）編

日本の価値観とはちょっと違う、世界20カ国のさまざまな「お値段」を紹介。「そんなものがなぜ高いの？」「これがそんなに安いとは！」という素朴な興味を入り口に、「各国が共通で抱える悩み」や「世界の見えざる姿」を浮き彫りにする。

ウェブで政治を動かす！

津田大介

フェイスブックやツイッターで私たちが世界を動かせる時代は、すぐそこまで来ている。本書では、「もう政治を信じられない」「どうせ何も変わらない」という閉塞感を抱えた人々に向け、〝ネット界の寵児〟が新しい政治へのアプローチを説く。